このままではあなたの
現金の価値が下がる!

インフレ・円安から
お金を守る最強の投資

朝倉智也

ダイヤモンド社

はじめに

「まじめに貯蓄」しているだけでは、お金の価値が下がる時代

国が「貯蓄から投資へ」というスローガンを掲げはじめてから、かれこれ20年ほどの年月が経ちました。この間、資産形成を後押しするｉＤｅＣｏ（個人型確定拠出年金）やＮＩＳＡ（少額投資非課税制度）などの制度が生まれ、運用するのに適した商品もずいぶん増えてきています。

私は投資信託の中立的な評価機関であるモーニングスター株式会社（現在はＳＢＩグローバルアセットマネジメント株式会社）の代表として、長年にわたり個人投資家の方や投資を始めようとしている方に向けて情報を発信してきました。この立場から見て、資産運用をとりまく制度や商品、サービス等が年々よい方向に変化していることを感じております。

２０２２年には岸田政権が掲げる「資産所得倍増プラン」のもと、これまでのＮＩＳＡ制度が改正され、より多くの方の資産形成に資する内容になることも決まりました。

しかし、残念ながら、これまでのところ「貯蓄から投資へ」「貯蓄から資産形成へ」という流れに乗っている人はまだ少数派と言わざるをえません。日本の家計には2000兆円を超える金融資産がありますが、そのうち半分以上を占める、およそ1100兆円が現預金に置かれたままなのです。「投資」や「運用」という言葉に対し、「自分とは関係がないもの」「お金を大きく減らしてしまうかもしれない怖いもの」といったイメージを持ち、「まじめに貯蓄するのが一番だ」と考えている人も多いように思います。

私は、このような状況に危機感を持っています。それは、「まじめに貯蓄」しているだけでは、皆さんの大切な資産が大きなリスクにさらされる状況がやってきたからです。

確かに従来は、お金をまじめに貯蓄して預金に置くのも合理的な方法だったと言えます。日本では長らく物価が上がらず、「お金の価値が下がる」こともありませんでした。

しかし、2022年に様相は一変しました。皆さんもすでに日々の生活の中で実感されていると思いますが、日本でついに物価が上昇し始めたのです。詳しくは本編でご説明しますが、これは時代の転換点だと言ってもいいでしょう。

物価が上がるということは、現預金に置いておくお金の価値がどんどん下がっていくことを意味します。今後、大切な資産の価値を守っていくためには、インフレに負けないくらいお金を増やさなくてはなりません。

そのためには、これまでに貯めてきたお金をしっかり運用する必要があります。

今や、資産運用と無関係でいられる人はいなくなったのだと言ってもいいでしょう。あるいは、「運用に回さなくてよいお金など、ほとんどない」と言ってもいいかもしれません。

「資産を守り増やしていくための一歩」を踏み出しませんか

もちろん、やみくもに投資に手を出せばいいというものではありません。自分の資産を管理し、運用してその価値を守るためには、適切な方法を学ぶ必要があります。

本書は、これから資産運用に一歩を踏み出すことを考えている方や、インフレ・円安に不安を感じ今後の運用方針をどうすべきか悩んでいる方、退職金や相続した資産などまとまったお金の管理を必要としている方を対象として、シンプルに実践できる資産管理の方法をご紹介するために執筆したものです。

「資産管理の方法」と聞くと難しそうに思われるかもしれませんが、実際にやることはとても簡単です。

まず、**①今持っている金融資産の価値を保全するために安定的な運用を始めること。**

それに加えて、②長期的な目線で資産をしっかり増やしていくための積極的な運用も組み合わせること。この2つを実践すれば、皆さんの資産を守り増やすことはさほど難しくはありません。

実は、今回ご紹介する内容の基本的な考え方は、私がこれまで長きにわたってお伝えしてきた考え方から変わっていません。私は常々、できるだけリスクを抑えながら長期的な目線で運用して資産を守り増やしていく「王道の投資法」を皆さんにご紹介してきました。この方法は、インフレでもデフレでも、円安でも円高でも、状況を問わずお勧めできる方法なのです。

改めてこのタイミングで書籍を執筆したのは、「資産を守り増やしていく運用」の必要性が一気に高まったことを皆さんに知っていただきたいからです。そして最新の商品や制度の情報に基づき、より実践しやすい具体的な方法をご紹介することで、皆さんに「資産を守り増やしていくための一歩」を踏み出していただきたいと考えたからです。

本書が、皆さんが新たな時代を生き抜くための一助となることを願っております。

2023年3月

朝倉智也

目次

第3章 お金を守り増やすために必要な知識を押さえよう

第4章 お金を守り増やすための資産管理法

第5章 資産管理に困ったとき、金融機関とどう付き合うべきか

おわりに

第1章

「大いなる安定」の時代は終わった

1 リーマン・ショック後の「大いなる安定」の時代とは

2022年は、経済ニュースに目を奪われることが多い1年だったのではないかと思います。

これまで私たちは長い間、デフレ経済の中を生きてきました。

物価が上がらず、給料も上がらず、金利はほぼゼロという世界が「当たり前」になっていました。

ところが、ウクライナ危機をきっかけに世界で物価が上がり始めると、その影響は日本にも及ぶことになりました。

32年ぶりに1ドル150円を超えるという急速な円安も進み、日用品などがどんどん値上がりする日常生活の中、その影響を身近に感じる場面も多かったのではないでしょうか。

読者の皆さんも、このような状況に不安を感じ、本書を手にとってくださったのではないかと思います。

図1 主要中央銀行の資産残高の推移

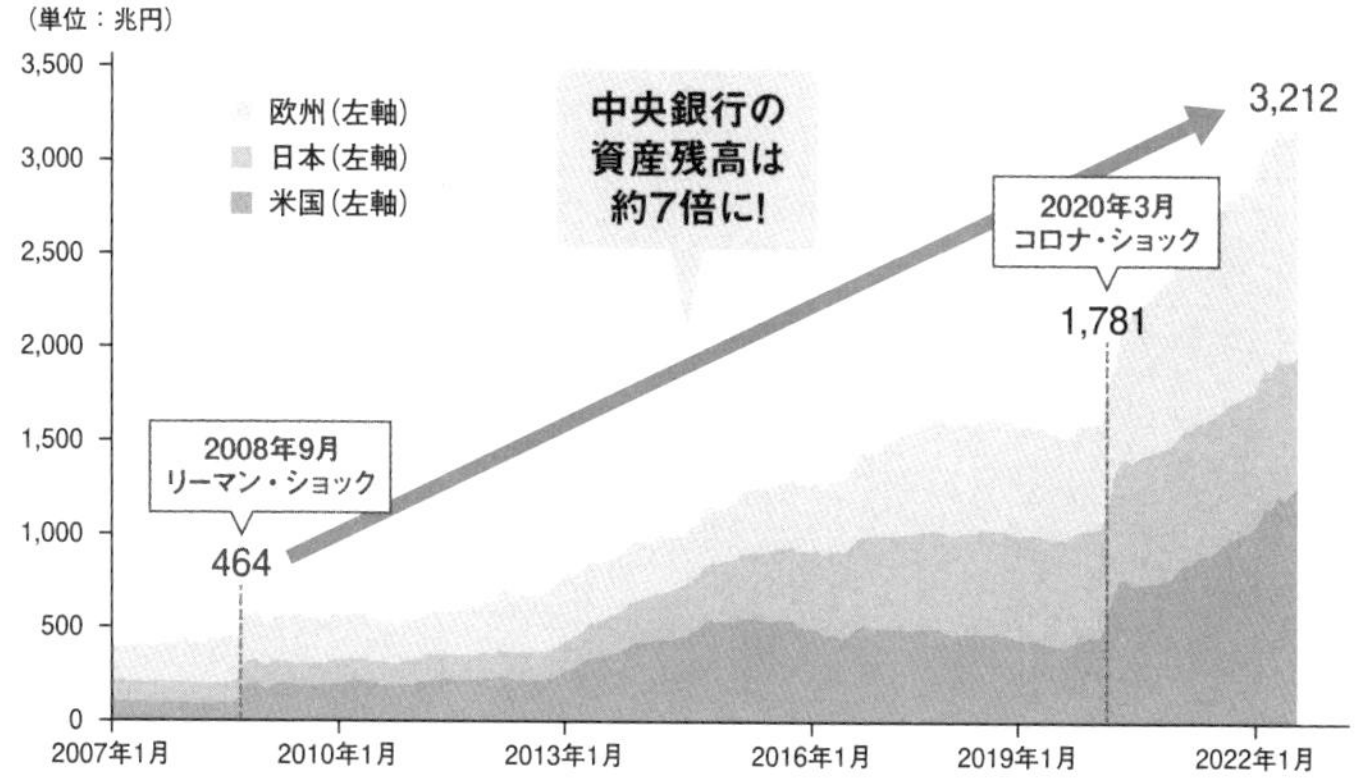

※ 主要銀行の資産残高＝各国中央銀行公表の資産残高（円ベース）
※ 中央銀行の資産残高の米国は米ドルベース、欧州はユーロベースをTTM（三菱UFJ銀行）にて円換算
※ 2007年1月～2022年9月（月次）
出所：著者作成

中央銀行の資産残高は増大し続けている

皆さんの不安は、杞《き》憂《ゆう》では終わらないでしょう。

2008年9月に起きたリーマン・ショックから14年以上が経ちますが、これまでの間、世界各国は景気を下支えするために金融緩和を推し進めてきました。各国の中央銀行が国債などを購入することにより、市場に膨大なお金を流してきたのです。

図1は、米国、欧州、日本の中央銀行の資産残高の推移を示したものです。

国債などの購入を続けた中央銀行の

図2　世界の債券利回りの推移

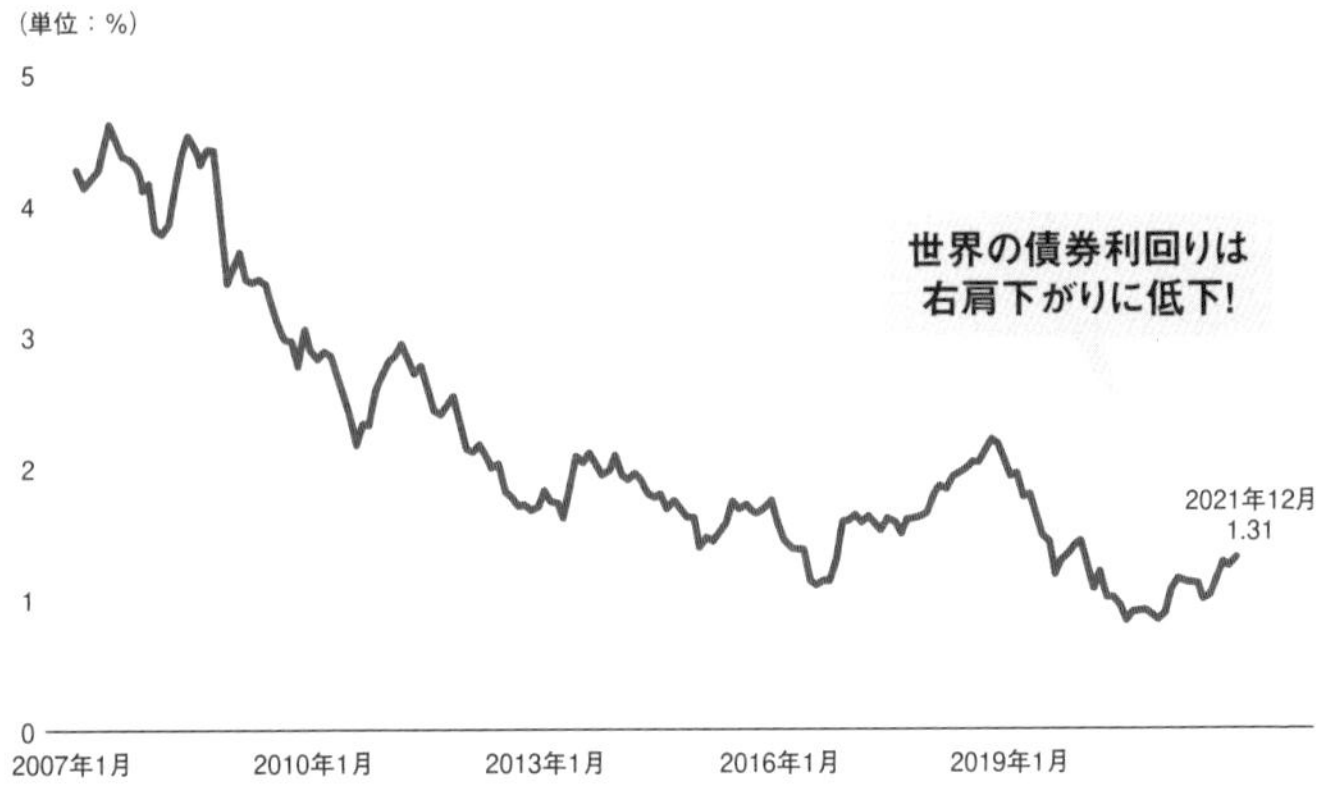

※ 世界の債券利回り＝ブルームバーググローバル総合債券指数の利回り
※ 期間：2007年1月～2021年12月（月次）
出所：著者作成

資産残高は増大し続け、リーマン・ショック時点では464兆円でしたが、2020年3月のコロナ・ショック時点までに1781兆円にまで積み上がっていたことがわかります。

さらにコロナ・ショック後は拡大のペースが上がり、2022年には3212兆円へと急増しました。リーマン・ショック時から比べると、市場には実に7倍近くものお金があふれたのです。

世界の債券利回りは右肩下がりに低下

リーマン・ショックやコロナ・ショッ

図3 世界の株式と債券の価格の推移

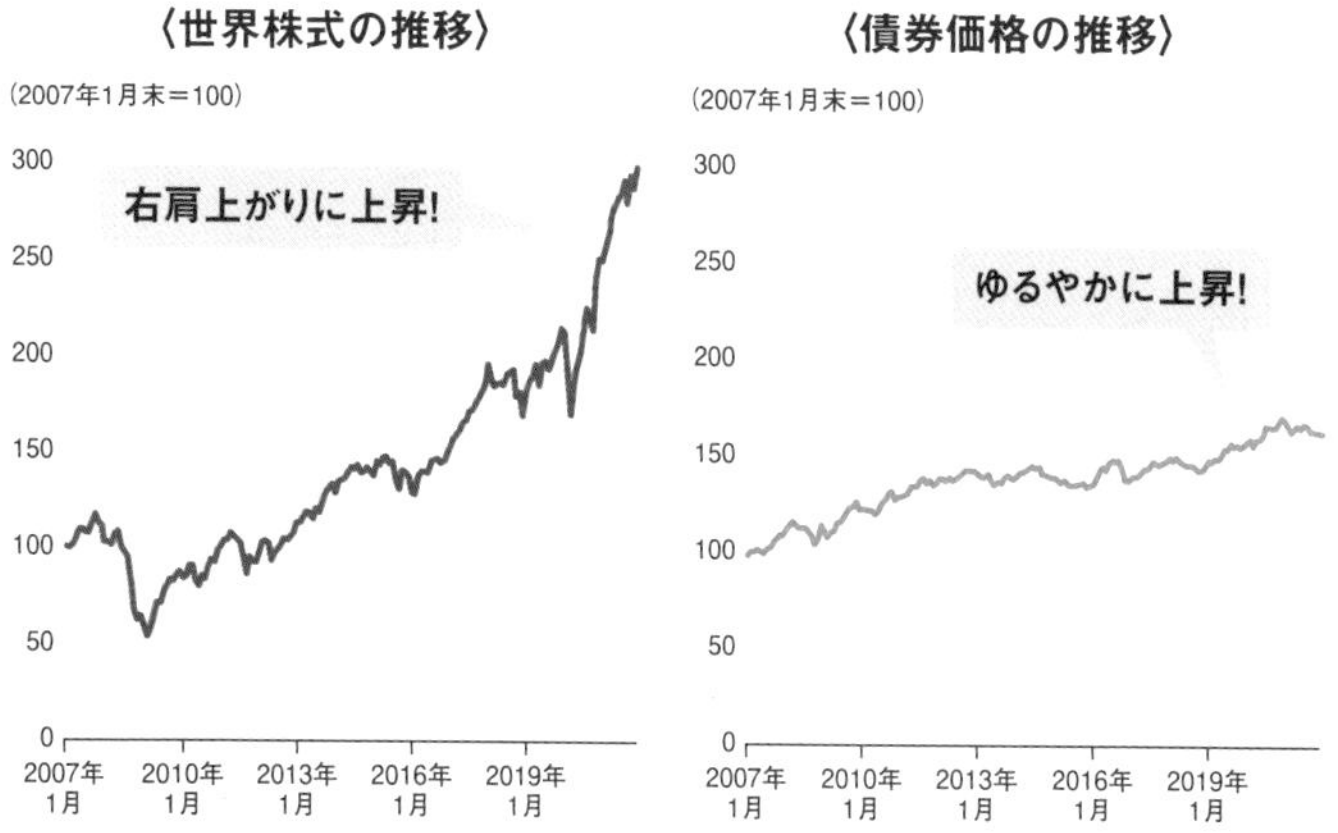

※ 世界株式=MSCI 全世界株式指数(配当込み、米ドルベース)、
世界債券=ブルームバーググローバル総合債券指数(米ドルベース)
※ 2007年1月~ 2021年12月(月次)
出所:著者作成

クの後、各国の中央銀行は政策金利の引き下げも行いました。皆さんご存じのとおり、中央銀行は景気が停滞しているときに利下げを行い、企業が融資を受けやすくしたり、住宅ローンの金利低下によりローンを組みやすくしたりして、景気の浮揚を図るのです。

図2を見ると、この間、世界の債券利回りがほぼ右肩下がりに低下してきたことがわかります。

このような金融政策が行われた結果、市場にあふれたお金は金融資産や不動産に流れていきました。

図3をご覧ください。2つのグラフは、2007年1月末を100として世界の株式と債券の価格の推移を示し

たものです。長期的には右肩上がりに大きく上昇してきたことがわかるでしょう。

市場に増えたお金と同じ規模感で株価が上昇

具体的に、リーマン・ショック後に主要国の株価がどのように推移したかを見てみましょう。

図4は、2009年3月末を100として米国株（NASDAQとS&P500）、ドイツ株（DAX指数）、日本株（TOPIX）、中国株（上海総合指数）の動きを示したものです。2021年12月末時点で、NASDAQは年率19・9％、S&P500は年率14・9％、ドイツ株は年率11・2％、日本株は年率7・6％、中国株は年率3・4％で上昇したことがわかります。

先ほど見たように、ほぼ同時期に世界の中央銀行は市場に流通するお金を約7倍近くに増やしたわけですが、こうしてデータを確認すると、地域差はあるものの市場に増えたお金と同じ規模感で株価が上昇したことがわかります。

特にコロナ・ショック後の2年半ほどの間、株価の上昇は顕著でした。

図4 リーマン・ショック後の主要国の株価

〈2009年3月末〜2021年12月末〉

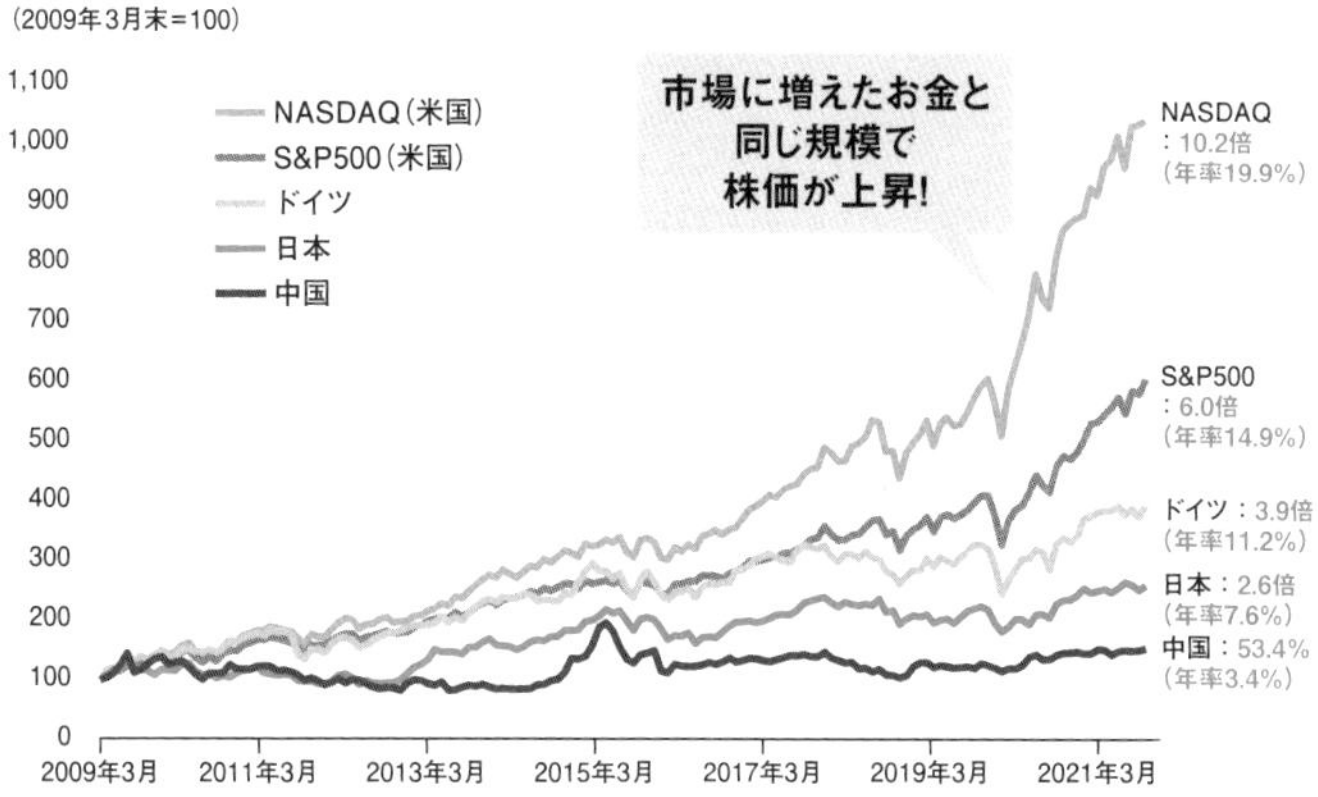

※ 日本=TOPIX、中国=上海総合指数、ドイツ=DAX指数
※ 各指数は現地通貨ベース、配当無し
出所：著者作成

米国が危機対応のためにゼロ金利に踏み切るなど各国が金融緩和を推し進め、市場に大量のお金が流れた結果、2020年3月末から2021年12月末までの間にNASDAQは年率49・9%、S&P500は年率41・9%、ドイツ株は年率30・8%、日本株は年率22・2%、中国株は年率17・4%も上昇したのです（20ページ図5）。

リーマン・ショック後、世界は各国が量的緩和・金融緩和によって景気を下支えしたことにより、「大いなる安定期（グレート・モデレーション）」あるいは「ゴルディロックス」と呼ばれる状況にありました。

ゴルディロックスとは英国の童話に

図5　コロナ・ショック後の主要国の株価

〈2020年3月末～2021年12月末〉

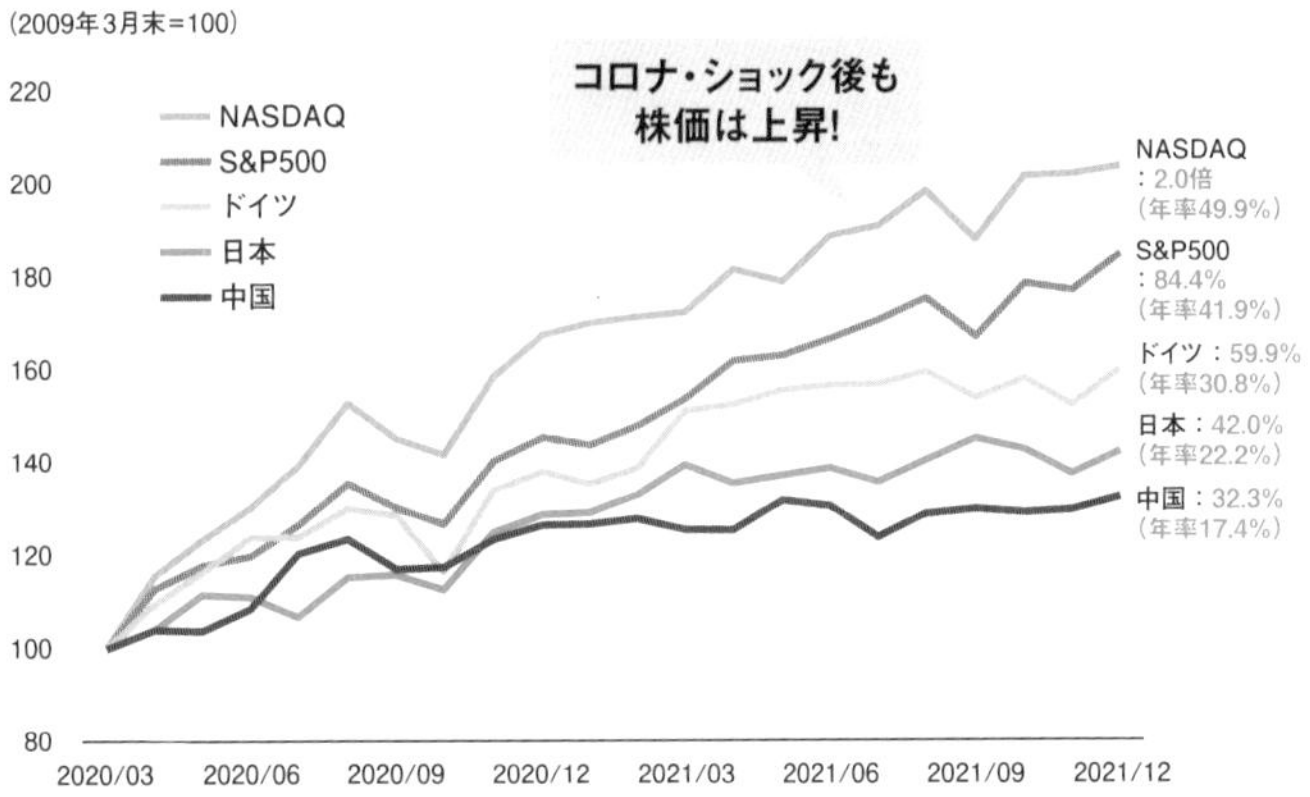

※ 日本＝TOPIX、中国＝上海総合指数、ドイツ＝DAX指数
※ 各指数は現地通貨ベース、配当無し
出所：著者作成

登場する少女の名前で、この少女がクマの家で飲んだスープが熱すぎず冷たすぎず適温であったことから**「適温相場」**の意味で使われる言葉です。

GDP成長率の変動がなだらかでインフレ率も安定している、まさに「暑くもなく寒くもない」安定の時代を私たちは長く過ごしてきたわけです。

2 異次元の金融緩和は終わった

しかし今、世界は大きく方向転換しようとしています。コロナ禍の終息をにらみ、各国が金融緩和から金融引き締めへとカジを切ったのです。

22ページ図6は、主要各国の政策金利の推移を示したものです。

リーマン・ショック後の流れを見ると、米国は金融緩和を解除して金利を引き上げた期間がありますが、ユーロ圏は2014年からマイナス金利政策を継続してきました。コロナ・ショック時には危機対応として米国もゼロ金利政策を取り、世界は大きな谷を迎えました。

米国連邦準備制度理事会(FRB)がゼロ金利を解除

しかし2022年3月、米国はゼロ金利を解除。米国連邦準備制度理事会（FRB）は政策金利であるフェデラル・ファンド（FF）金利の誘導目標を0・25ポイント引き

図6　世界的に金融緩和から金融引き締めへ

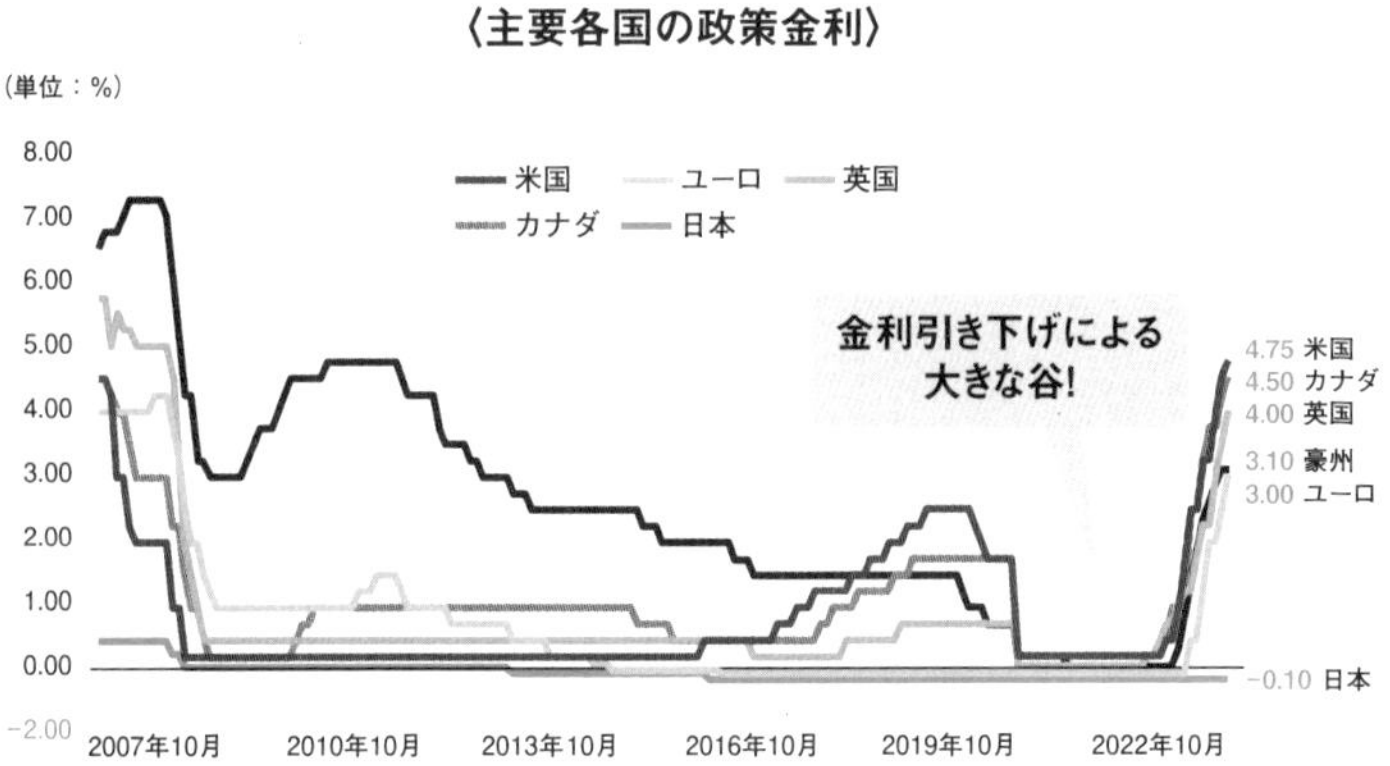

※ 2007年10月～2023年2月
※ 米国はFF金利、ユーロは介入金利、英国は英中銀レポ、カナダは翌日物金利、日本は2013年4月までは無担保コールON誘導金利、同年5月から2015年12月までは操作目標を無担保コールレートからマネタリーベースに変更したため、「0」で表示、2016年1月以降は当座預金適用利率
出所：著者作成

上げることを決定しました。

さらにその後は、4会合連続で0・75ポイントずつの引き上げを決定するなど凄まじいスピードで利上げを行い、2023年1月末には4・50～4・75%まで引き上げました。

欧州中央銀行がマイナス金利政策を終了

欧州中央銀行（ECB）も2022年7月に政策金利の0・5ポイント引き上げを決定し、マイナス金利政策を終了。その後も急速な利上げを行っています。

日本も実質的な金融緩和の解除に移行

そして長らく超低金利環境が続いていた日本でも、大きな動きがありました。日本銀行は、これまで長期金利を±0・25%程度の変動幅で推移するよう調節してきました。しかし2022年12月、変動幅±0・5%程度へと変更。日銀の黒田東彦《はるひこ》総裁は「金融緩和は継続している」と言うものの、金利の上限を引き上げたわけですから「実質的な金融緩和の解除」とみて差し支えないでしょう。

3

株価下落、物価上昇、景気後退のリスク

米国では2022年6月、FRBが保有する資産を縮小するQT（Quantitative Tightening、量的引き締め）を開始し、リーマン・ショック後の「量的緩和・金融緩和」とは真逆の「量的縮小・金融引き締め」に大きくカジを切りました。

各国が金融引き締めに向かう中、2022年、世界の株式市場は大きく下落しました。2021年末と2022年末を比較すると、米国S&P500はマイナス19・7％、NASDAQはマイナス33・5％、全世界株はマイナス19・8％でした。

日本は円安の影響もあり、米国株や世界株と比較すれば下落率は抑えられましたが、図7のグラフからは、世界の株式市場にとって非常に厳しく、不安定な1年であったことが見て取れるのではないかと思います。

2022年は、世界で急激なインフレも進みました。

コロナ禍からの急速な経済回復の過程で供給網に混乱が起きたこと、コロナ禍で仕事を離れた人がなかなか戻らず人手不足になったことなどを背景として、2021年に大

図7　2022年の主要株価指数の年初来騰落率

※ 全世界株＝MSCI 全世界株指数、日本＝TOPIX
※ 全世界株と米国は米ドルベース、日本は円ベース、いずれも配当無し指数
※ 期間：2021年12月30日～2022年12月30日（日本の営業日）
出所：著者作成

きく物価が上昇したところに、世界を襲ったのがウクライナ危機です。エネルギー価格高騰などの影響は大きく、消費者物価指数は各国で急上昇しました。

世界でインフレが高進

26ページ図8をご覧ください。グラフは、1971年1月以降の主要各国の消費者物価指数（CPI）の推移を示したものです。英国やEUでは2022年9月にCPIが前年同月比で10%を超え、米国でも9%超となりました。長らくデフレに苦しんできた日

図8 2022年に世界でインフレが高進

〈主要各国の物価指標(CPI)〉

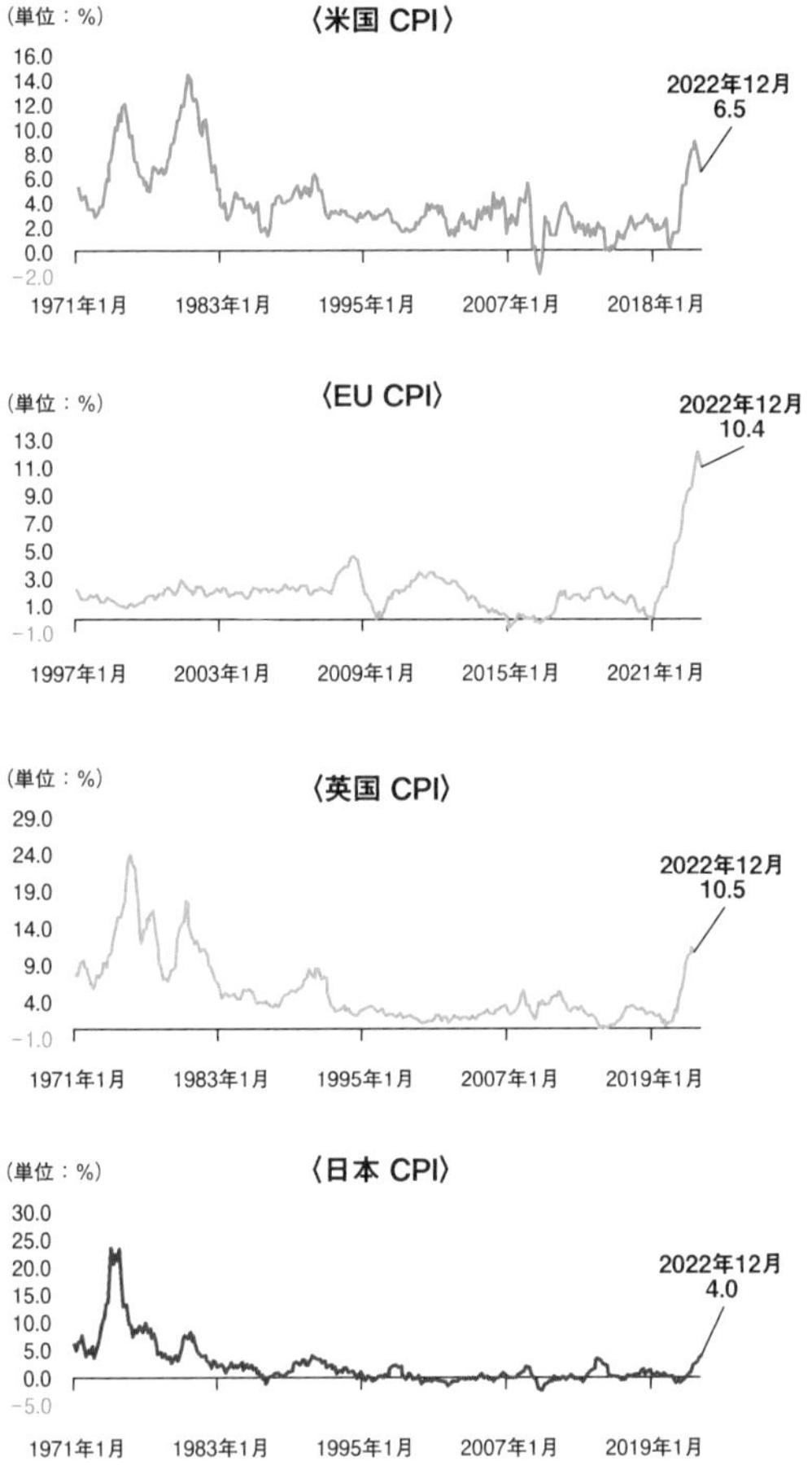

※ 期間：1971年1月～2022年12月(月次)。数値は対前年同月比
出所：著者作成

図9 世界経済の成長率の見通し

〈IMF2023年実質成長率〉

	2021年（実績）	2022年（推計）	2023年（予測）
世界	6.0%	3.4%	2.9%
米国	5.7%	2.0%	1.4%
中国	8.1%	3.0%	5.2%
ユーロ圏	5.2%	3.5%	0.7%
日本	1.7%	1.4%	1.8%
英国	7.4%	4.1%	−0.6%
新興国	6.6%	3.9%	4.0%

出所：IMF、データは2023年１月時点

本でさえ、４％以上上昇しています。

インフレ抑制のために各国が急ピッチで金融引き締めを行えば、景気は冷え込みます。ここで、世界経済の見通しを見てみましょう（図９）。

世界の経済成長率は2・9％に低下する見込み

ＩＭＦの発表によれば、コロナ禍の真っ只中だった2021年、世界の実質成長率は6・0％でした。それが2022年は3・4％と、経済成長率が半分ほどに低下してしまったことがわかります（2023年1月時点予想）。

では、２０２３年はどうなるのでしょうか？

ＩＭＦの１月時点の予想からは、非常に厳しい１年になりそうなことがわかります。世界の経済成長率は２・９％とさらに低下する見込みで、景気後退のリスクから目を背けることはできそうにありません。

第2章

「運用しなければ資産価値が減る時代」に必要なマインド

1 インフレでお金の価値が下がり始めた！

第1章では、私たちを取り巻く経済環境が歴史的な転換点を迎えたことをご説明しました。

このような状況のもとで自分の暮らしやお金を守っていくためには、私たちのお金に対するマインドも変える必要がありそうです。

日本に暮らす私たちが置かれている状況をよく考えてみましょう。

図10をご覧ください。**日本の消費者物価指数は2022年末に41年ぶりの上昇率を記録**し、対前年比4・0％となりました。長らくデフレが続いてきた日本ですが、完全にインフレが始まったとみてよいでしょう。

消費者物価指数が対前年比で3〜4％と聞くと、おそらく多くの方は「それどころではないのでは」と感じるのではないでしょうか。2022年は日用品や食品などの値上げのニュースが続き、中には10％や20％もの値上げが行われたものも少なくありませんでした。帝国データバンクの「『食品主要105社』価格改定動向調査」によれば、

図10 日本の物価は1981年以来、41年ぶりの上昇率

〈日本の消費者物価指数(CPI)の推移〉

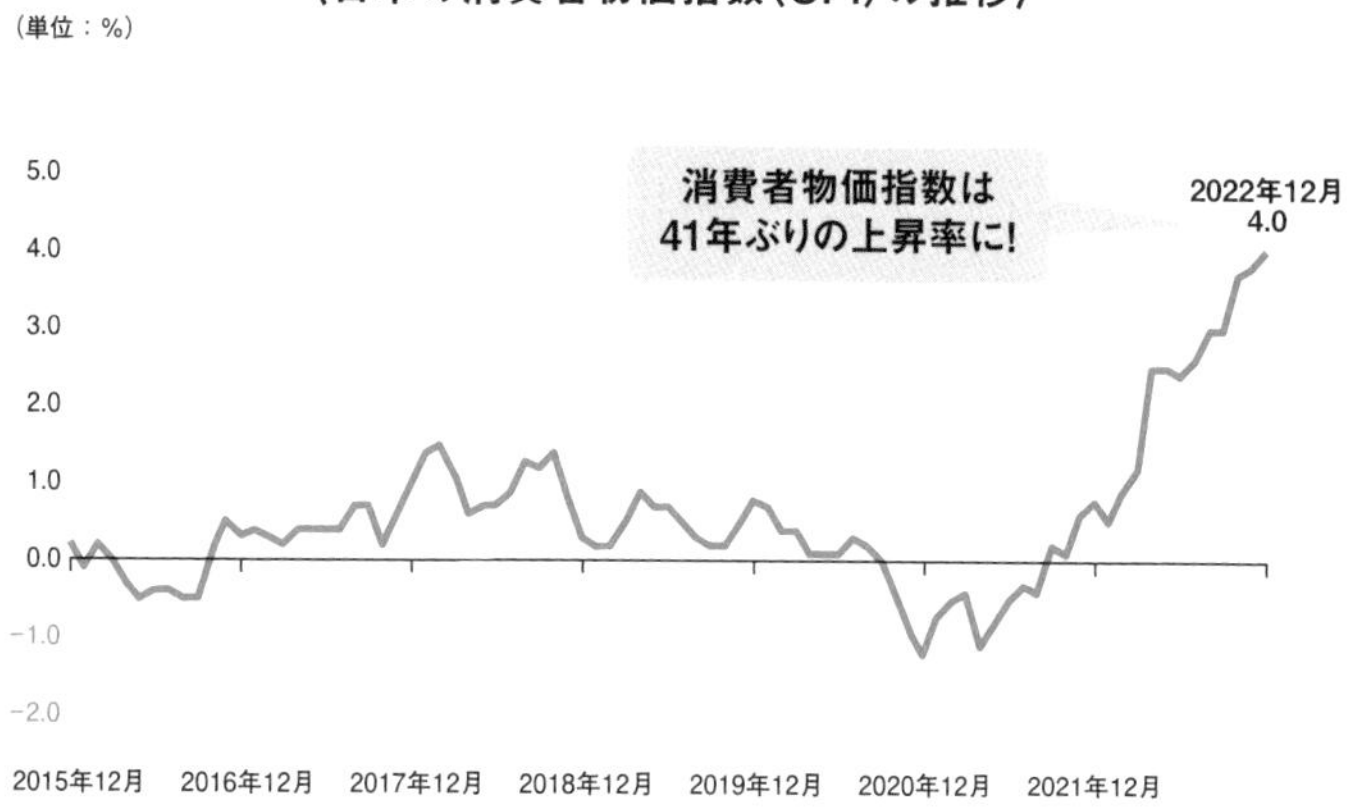

※ 消費者物価指数は「全国・総合(季節調整前)の前年同月比」
※ 期間:2015年12月~2022年12月(月次)
出所:著者作成

2022年の食品値上げは2万品目以上、年間の平均値上げ率は14%にのぼり、2023年の値上げのペースは2022年を上回り、記録的な値上げになる見込みだといいます。

給料はほとんど上がらないのに物価はどんどん上昇

物価が上昇すると、問題になるのが金利や賃金です。物価が上昇する以上に金利が高ければ、あるいは物価上昇分を上回るほど給料がアップするのであれば、生活への影響はあまり気にしなくてすむからです。

図11 実質的なお金の価値は減少している

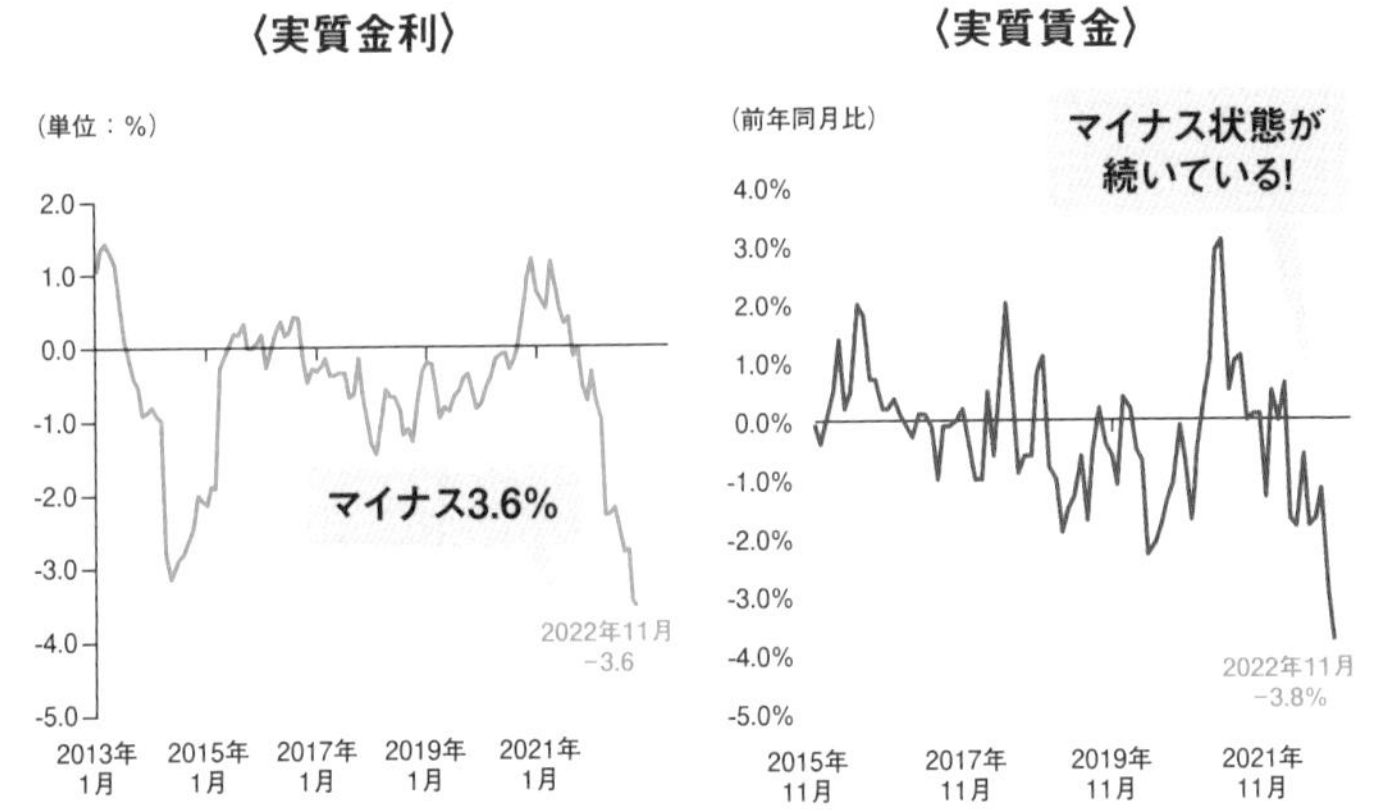

※ 2013年1月末～2022年11月末(月次)
※ 実質金利＝10年国債利回り－消費者物価指数
※ 消費者物価指数は2020年基準の「全国・総合(季節調整前)の前年同月比」
出所：著者作成

※ 期間：2015年11月～2022年11月(月次、2022年11月は速報値)
出所：「毎月勤労統計調査」(厚生労働省)より、著者作成

しかし、実際はどうでしょうか？

図11をご覧ください。10年国債の利回りから消費者物価指数を引いた「実質金利」を見ると、2022年11月時点でマイナス3・6％と大幅に低下していることがわかります。急速に物価上昇が進む一方、金利はさほど上がっていないからです。これは、**預貯金にお金を置いておくだけではお金の価値がどんどん目減りしていく**ことを意味します。

一方の実質賃金を見ると、2022年11月時点で前年同月比マイナス3・8％となっており、趨勢《すうせい》としてはマイナスが続いていると言える状況です。

つまり私たちは、「給料がほとんど上

図12 毎年物価上昇率が3%で推移した場合の現金の実質的価値

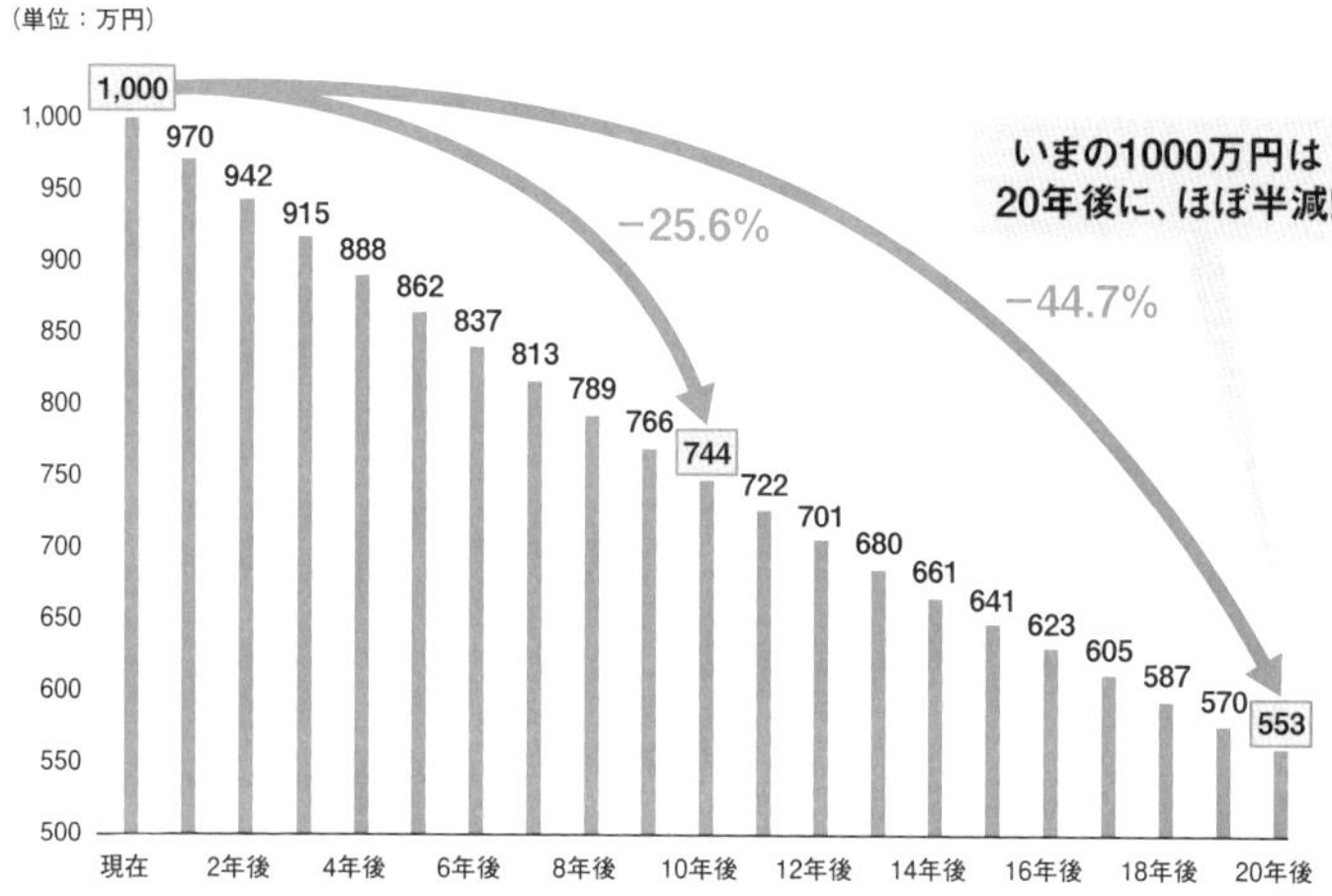

がらないのに物価はどんどん上昇していく」という状況に置かれているわけです。

物価上昇率が3％で推移した場合、20年後にお金の価値は半分に減る

物価上昇は、私たちが今持っているお金の価値を押し下げます。

たとえば、毎年物価上昇率が3％で推移した場合で計算してみましょう（図12）。仮に1000万円の現金を持っているとすると、現在を基準とした実質的な価値は10年後にマイナス25・6％、20年後にはマイナス44・7％

となり、ほぼ半減してしまうことになります。

大事な資産を預貯金に置いておくことが大きなリスクに

現在、預貯金の金利はほぼゼロで、銀行に預けていてもお金がほとんど増えないことは皆さんご存じのとおりです。

デフレが長く続いてきた日本では、預貯金にお金を置いておくリスクはほとんど意識されてきませんでした。しかし今、私たちはマインドを変える必要があります。

金利が上がらず物価ばかり上昇し続けた場合、**大事な資産を預貯金だけに置いておくことが大きなリスクになる**のだということを、ここで頭に叩き込んでください。

2 円安が進めば、あなたの資産も目減りする

２０２２年は、急速に進む円安が私たちを直撃しました。10月には１ドル＝１５０円台まで円安が進み、１９９０年８月以来となる32年ぶりの円安ドル高水準に達したことが大きなニュースにもなりました（36ページ図13）。

円安による輸入物価高騰の影響は、広く私たちの生活にも及びます。多くの人が固唾《かたず》を呑んで為替相場を見つめていたのではないかと思います。

円安は、私たちの資産価値の下落を意味する

今後はどうなるのでしょうか？　２０２２年に円安が進行したのは、各国の中央銀行が物価上昇を抑えようと金利を引き上げる中、日本（日本銀行）だけが金融緩和を続けていた（金利を引き上げなかった）ことが背景にあります。

そもそも為替は需給（需要と供給）で決まるものであり、円を買いたいと思う人が多

図13 日本円は歴史的な安値水準に

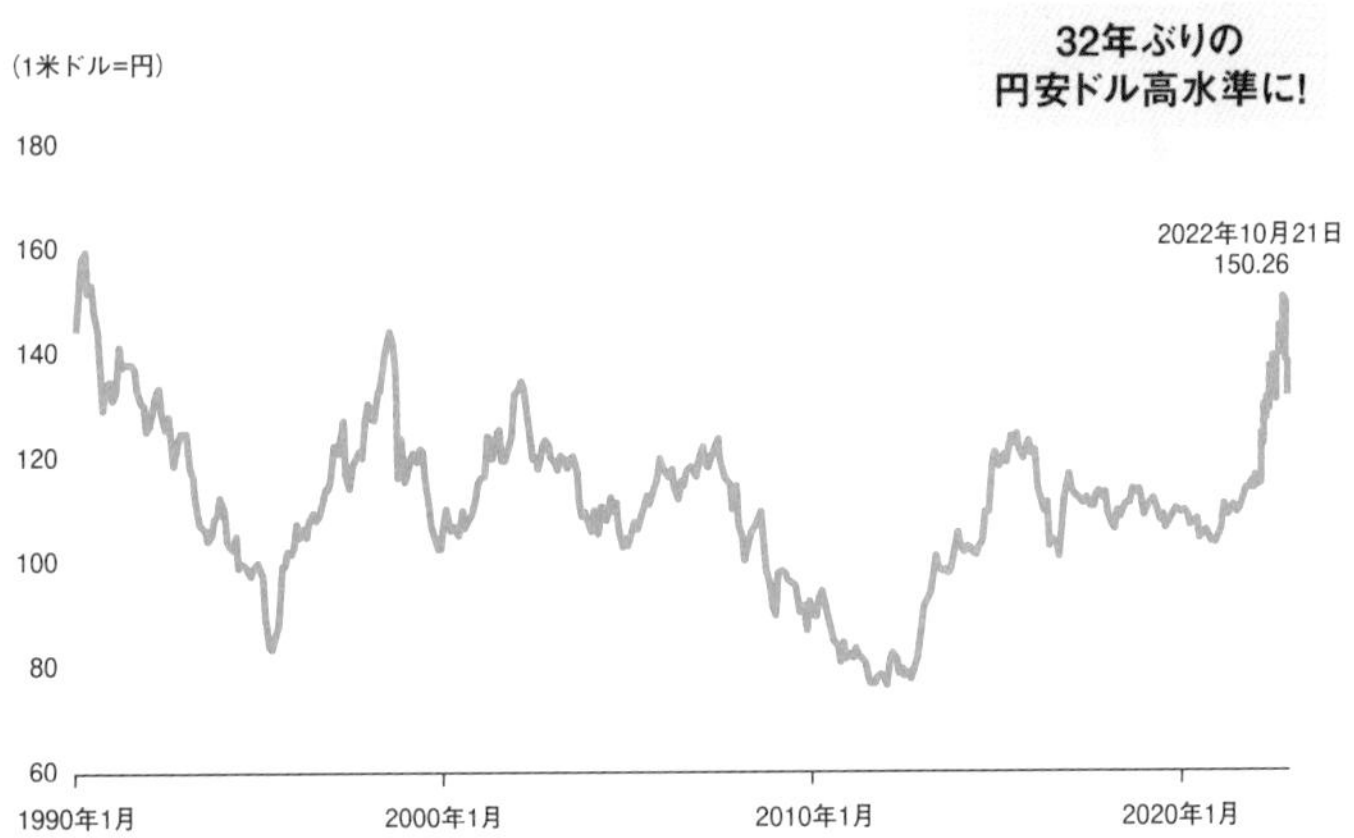

※ 米ドル・円レートはTTM(三菱UFJ銀行)
※ 期間：1990年1月～2022年12月(月次、ただし2022年は日次)
出所：著者作成

ければ円高になり、逆に円を売りたいと思う人が多ければ円安になるわけです。需給にはさまざまな要素が影響を与えますが、「金利が高い通貨が買われ、金利が低い通貨は売られる」ものです。

日銀が2022年12月に金融緩和を実質的に解除したことをふまえれば、今後は日米の金利差が縮小し、為替相場が円高に振れるという見方もできます。しかし長期的には、経済が強い国の通貨こそ買われるもの。そして皆さんご存じのとおり、経済の強さは人口動態に大きく左右されます。日本は今後、人口が減少し、国力の減退が避けられないことが明白ですから、一時的に円高になることはあっても、強烈に円高が進行することはないのではないかと考えられます。

このことを前提としたとき、私たちは「円安＝円建て資産の価値の下落」であることに目を向けなくてはなりません。

私たちは日本で生活しており、給料も年金も円で受け取りますから、資産運用の中心が円になるのは当然のことです。

しかし円の価値が下がるということは、世界の中で見れば私たちの資産が減価することを意味します。実際、かつて1ドルが70円台だったときと比べれば、世界から見た私たちの資産はほぼ半減しているわけです。

38ページ図14をご覧ください。仮に今、1000万円の資産があるとしましょう。1ドル＝100円の場合、1000万円には10万ドルの価値があります。

ここから円高が進んで1ドル＝80円になった場合、1000万円は12万5000ドルの価値を持ちます。一方、円安が進んで1ドル＝150円になれば、1000万円は6万6666ドルの価値しか持たない計算です。

当然のことながら、海外製品を購入するにしても、海外旅行に行くにしても、海外留学するにしても、海外の不動産を買うにしても、日本人にとっては円高のほうが望ましいのです。

図14　円安になると円建て資産の価値は下落する

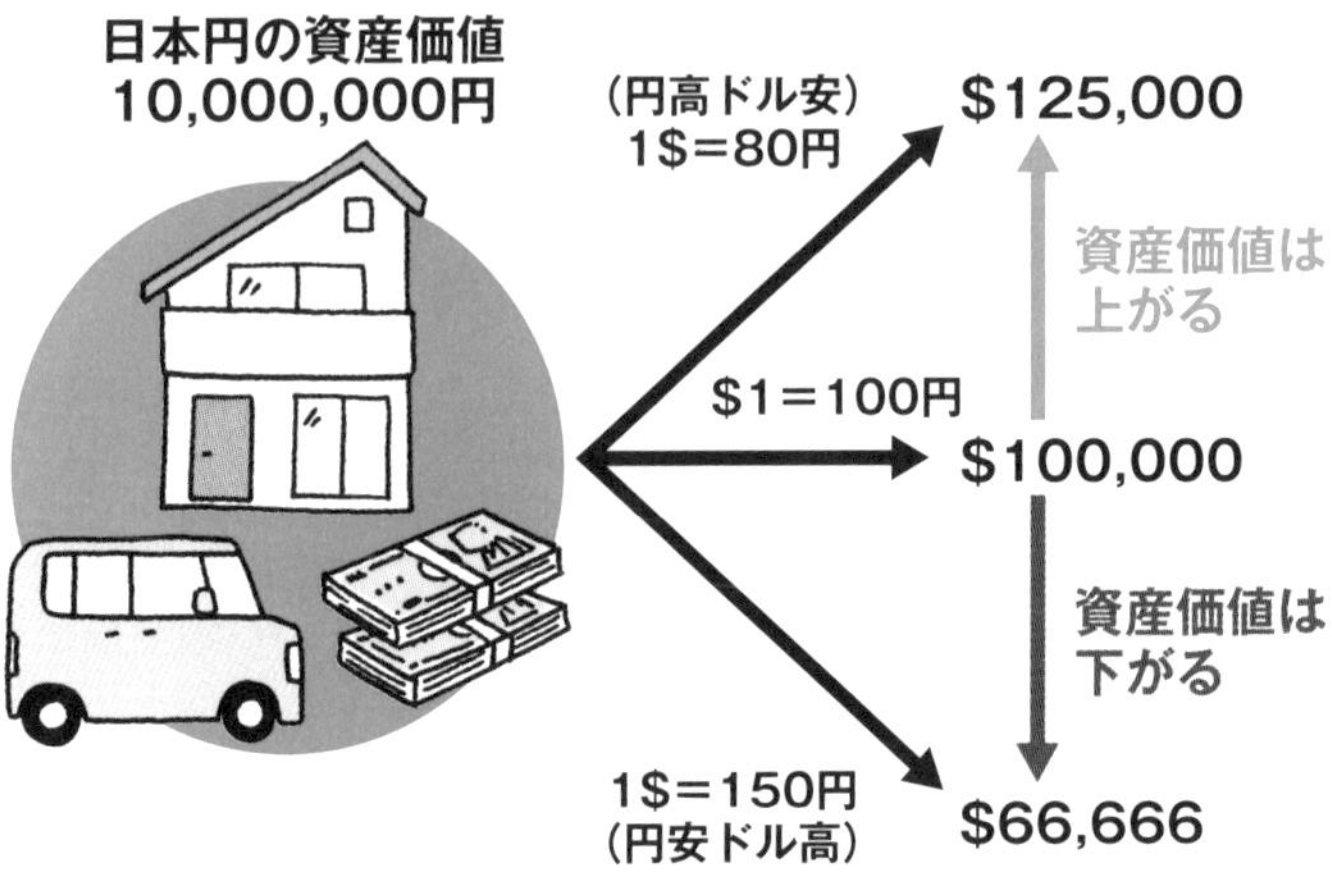

「円安から資産を守る方法」を積極的に考えていく必要がある

先ほど、33ページで物価上昇率が3％で推移した場合に私たちのお金の価値がどれくらい下がってしまうかを確認しました。ここでさらに「日本の物価が毎年3％ずつ上昇し、なおかつ円安が2％ずつ進んだ場合」について見てみましょう（図15）。

現在の為替レートを1ドル＝140円とすると、円安が2％ずつ進んだ20年後は1ドル＝208円となります。

現在の1000万円には約7万1000ドルの価値がありますが、物価上昇

図15 物価が毎年3%ずつ上昇し、かつ円安が2%ずつ進んだ場合

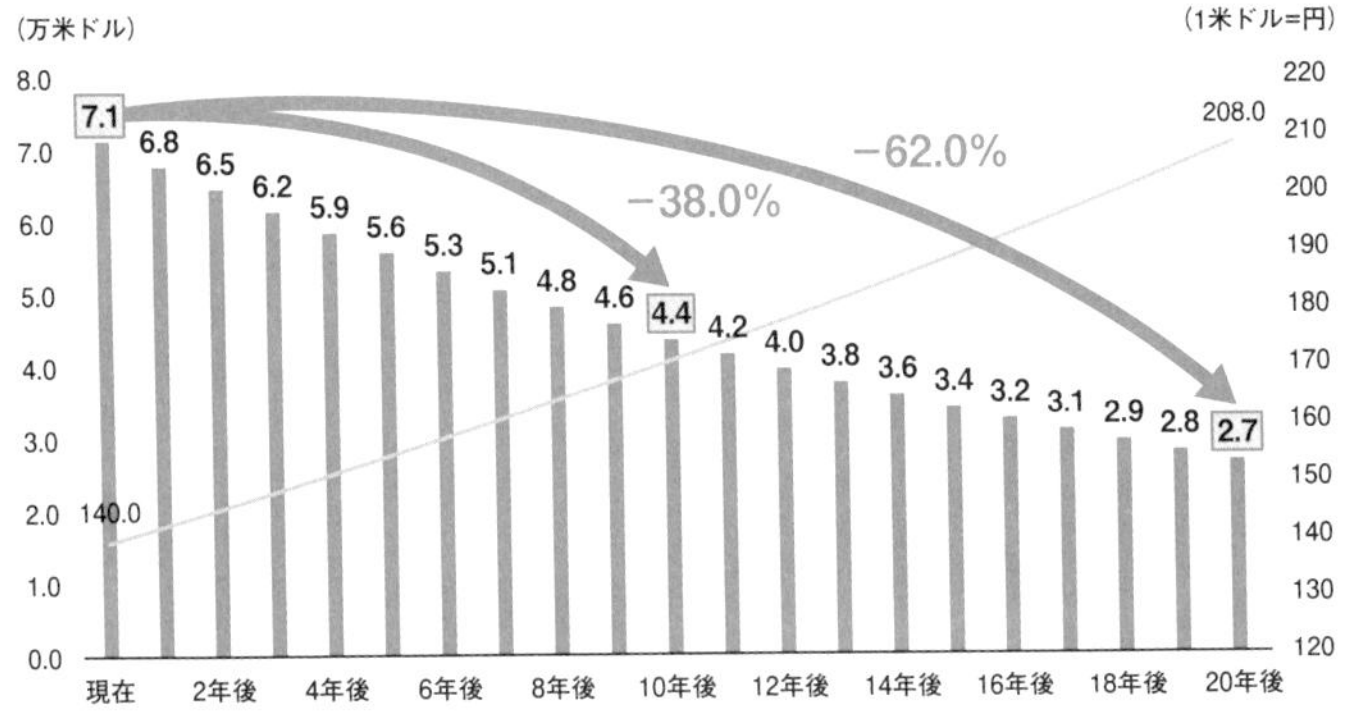

と円安の進行を加味すると、20年後には現在を基準とした実質的な価値で2・7万ドル分しかなく、マイナス62%にもなってしまうことがわかります。

円預金だけでお金を持っていれば元本は減りませんが、物価の高騰や円安の進行などが起きれば、相対的な資産価値は大きく下がってしまいます。

「これだけお金を貯めていれば老後も安心」と思っていても、いざ老後を迎えたときには「これではまったく足りない」ということになりかねないわけです。こう考えると、これからは**「円安から資産を守る方法」も積極的に考えていく必要がある**ことがわかります。

3 資産を守り増やす「方程式」とは？

ここで、資産を守り増やすための方程式について考えてみましょう（図16）。

皆さんが形成する金融資産は、「（収入－支出）×運用利回り」で計算することができます。収入から支出を差し引いた残りをどの程度の利回りで運用するかによって、形成できる資産額が決まるわけです。

では「金融資産＝（収入－支出）×運用利回り」を増やすには、どうすればいいでしょうか？

まず考えられるのは、収入を増やすことです。しかし収入を増やすのは簡単なことではありません。もちろん、今後は大企業を中心として賃金を引き上げる企業も出てくると考えられますが、日本で99％以上を占める中小企業が賃上げに踏み切ることは、あまり期待できないのではないかと思います。

また、仮に賃金が引き上げられたとしても、物価上昇率を上回るまで賃金水準が上がらなければ、実質賃金は低下する点も考慮する必要があります。

図16 資産を増やす方程式はこれ!

金融資産＝(①収入－②支出)×③運用利回り

① 収入を増やす → 物価上昇(インフレ)以上に賃金水準は上がらず(実質賃金のさらなる下落)

② 支出を減らす → 物価上昇(インフレ)による支出の拡大

③ 運用利回りを上げる → インフレにより実質金利も低下しているので、預金以外の資産で運用利回りを上げる

運用利回りを上げる方法を考えないといけない時代に

では、支出を減らすのはどうでしょうか？

日用品や食料品はもちろん、公共交通機関の運賃引き上げなど、物価がどんどん上昇していく中では、生活水準を変えなくても支出が拡大していくことになります。支出削減は相当な努力が必要になるでしょうし、物価上昇の程度によっては、ほとんど不可能と言わざるをえない状況になることも考えられるでしょう。

こう考えると、③運用利回りを上げることしか残された方法はありません。

これまでの日本ではデフレ環境が続いていたため、収入が上がらなくても物価は低下傾向にありました。ですから運用利回りがほとんどゼロに近く、資産をまったく増やすことができなかったとしても、資産を守ることはできました。

しかしデフレからインフレへと環境が激変しつつある今、**運用利回りがほとんどゼロのままでは、資産を増やせないどころか守ることさえできません。**

皆さんは、資産を目減りさせず、できることなら増やしたいとお考えでしょう。そうであるならば、これからはいかに運用利回りを上げていくかを考えなければならないのです。

4 投資で運用利回りは、上げられるのか?

「運用利回りを上げる」と聞くと、投資経験のない方や株式投資などで大きく失敗した経験がある方などは「そんなことができるのか」「きっと難しいに違いない」「かえって資産を減らしてしまうことになるのでは」といった不安がよぎるのではないかと思います。

確かに先にご説明したように、直近では世界で大きな株価下落がありました。そして、これから先には景気後退のリスクもあります。

しかし長期的な目線で資産を守り増やしていくことを考えるのであれば、投資をしない手はありません。

44ページ図17をご覧ください。このグラフは、1993年12月以降の世界株式の株価の推移を示したものです。

グラフを見れば、ITバブル崩壊やリーマン・ショックの際に世界の株価は大きく下がったことがわかります。そしてこのような危機は、これからも繰り返し起きるでしょう。

図17　あなたのお金を中長期で拡大する世界経済に託す

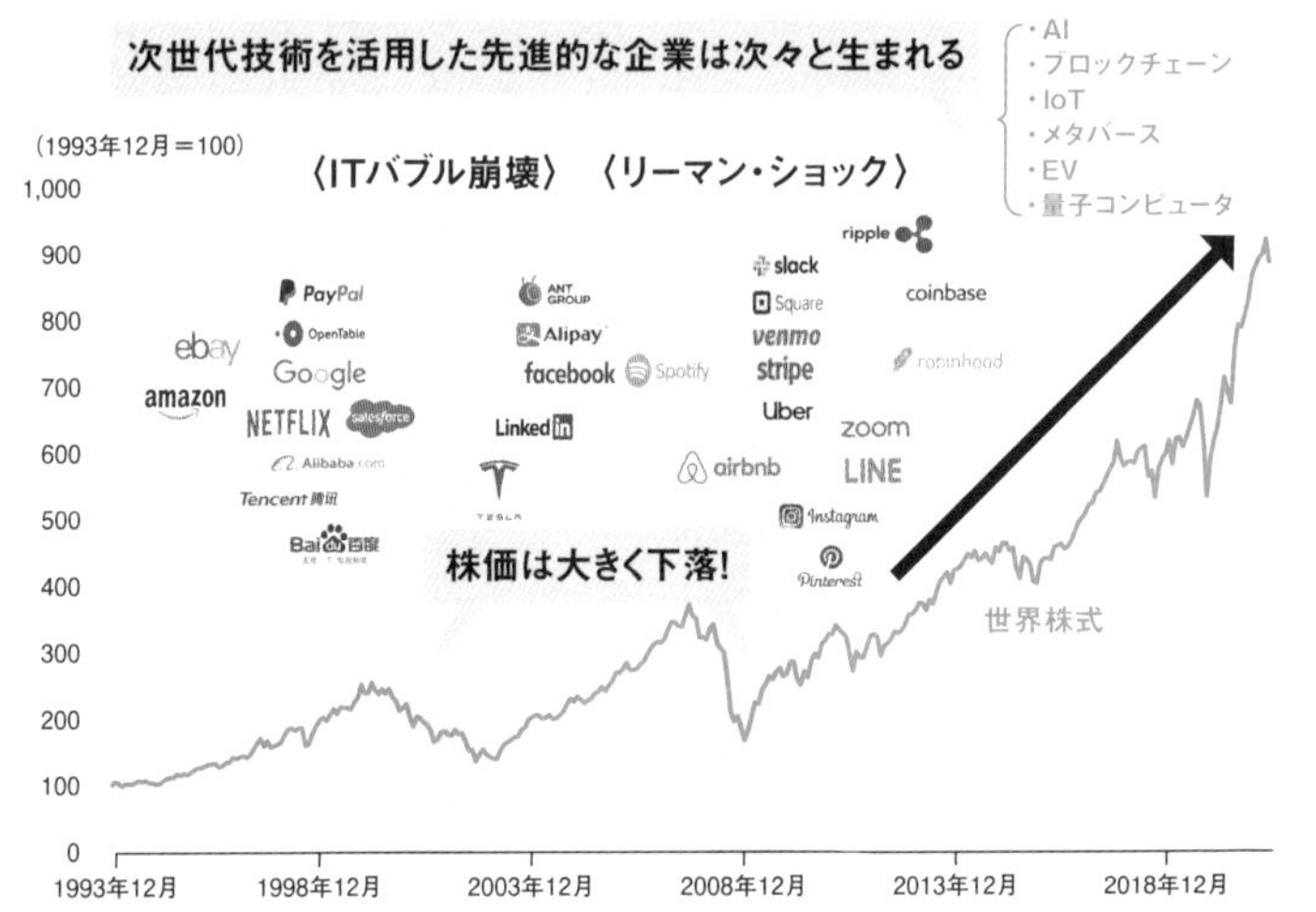

出所：著者作成

しかし俯瞰《ふかん》して見れば、**世界の株価は中長期で右肩上がりに上昇している**こともわかるのではないでしょうか。

成長企業が世界の株価を牽引する

なぜ世界の株価は中長期で上昇していくのかと言えば、たとえ景気が後退している局面であっても、必ず新たな企業の勃興《ぼっこう》があるからです。

図17をご覧いただくと、ITバブル崩壊の前にはアマゾンやグーグル、ネットフリックスが創業し、リーマン・ショック前にはテスラやフェイスブック、スポティファイが、そしてリーマ

ン・ショックのさなかにもエアビーアンドビーやウーバーが立ち上がっていたことがわかるでしょう。

そして今も、ＡＩ（人工知能）やブロックチェーン（分散型台帳技術）、ＩｏＴ（モノのインターネット：Internet of Things）、メタバース（コンピュータネットワークの中につくられた仮想空間やサービス）、ＥＶ（電気自動車）、量子コンピュータなどの領域で新興企業が次々に誕生しています。いずれはこれらの新興企業の中から世界を牽引する企業が現れ、大きく成長していくに違いありません。

「長期的に見れば世界経済は拡大する」ということを信じられるのであれば、これから世界を牽引していく企業に投資をしていくことが、その成長の果実を得ることにつながるはずです。

今後10〜15年の世界株式の期待リターンは年8・5％

46ページ図18は、ＪＰモルガン・アセット・マネジメントが２０２２年に公表した「今後10〜15年の世界株式と先進国債券の期待リターン」を示したものです。

図18 今後10〜15年の世界株式と先進国債券の期待リターン

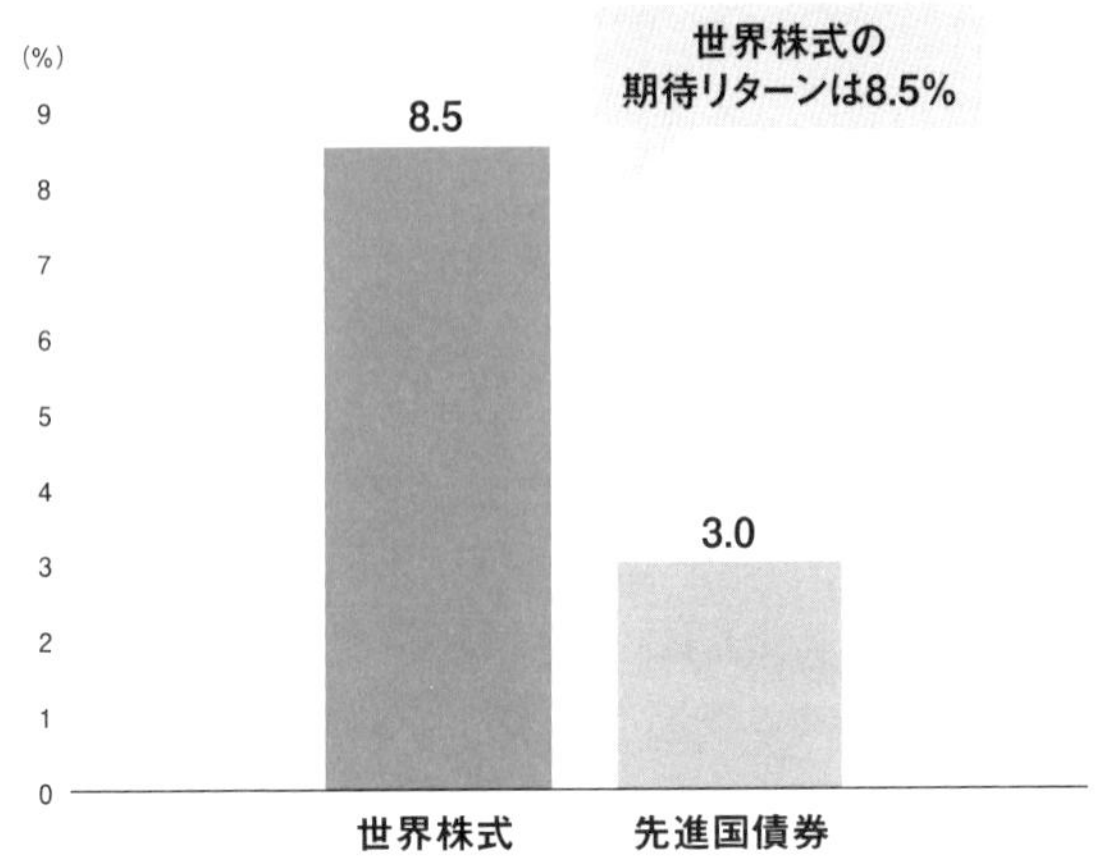

※JPモルガン・アセット・マネジメントの「2022 Long-Term Capital Market Assumptions」
先進国債券は、米国10年国債の利回り予測

同社では、世界株式の期待リターンを年8・5%、先進国債券の期待リターンを3・0%と予測しています。

再三お伝えしているとおり、目先の1〜2年は経済成長率が低下する可能性がありますし、運用には厳しい状況が続くかもしれません。

しかし中長期で投資をしていけば、この予測のような運用利回りを上げることは、十分に可能ではないかと思います。

5 運用するかしないかで、大きな差がつく

これまで投資や資産運用をした経験がない方は、「ほんの数パーセントの運用利回りを上げることにどれくらい意味があるのか」と疑問に思うかもしれません。

そこで、これから資産運用について考えていこうとしている方に向けて、非常に重要な**「複利」**の考え方についてご説明しておきたいと思います。

資産運用の世界では、投資した元本にのみ利息がつくのを「単利」と呼びます。運用経験がない方がイメージするのは、この「単利」のほうかもしれません。

たとえば、100万円を年5％の金利で運用した場合、単利だと毎年5万円の利息がつくことになります。10年運用すれば50万円、30年運用すれば150万円の利息がつくわけです。

つまり年利5％の単利で運用すると、100万円が30年で250万円まで増えることになります。

図19　100万円を金利5%(年)で30年間運用した場合の単利と複利の比較

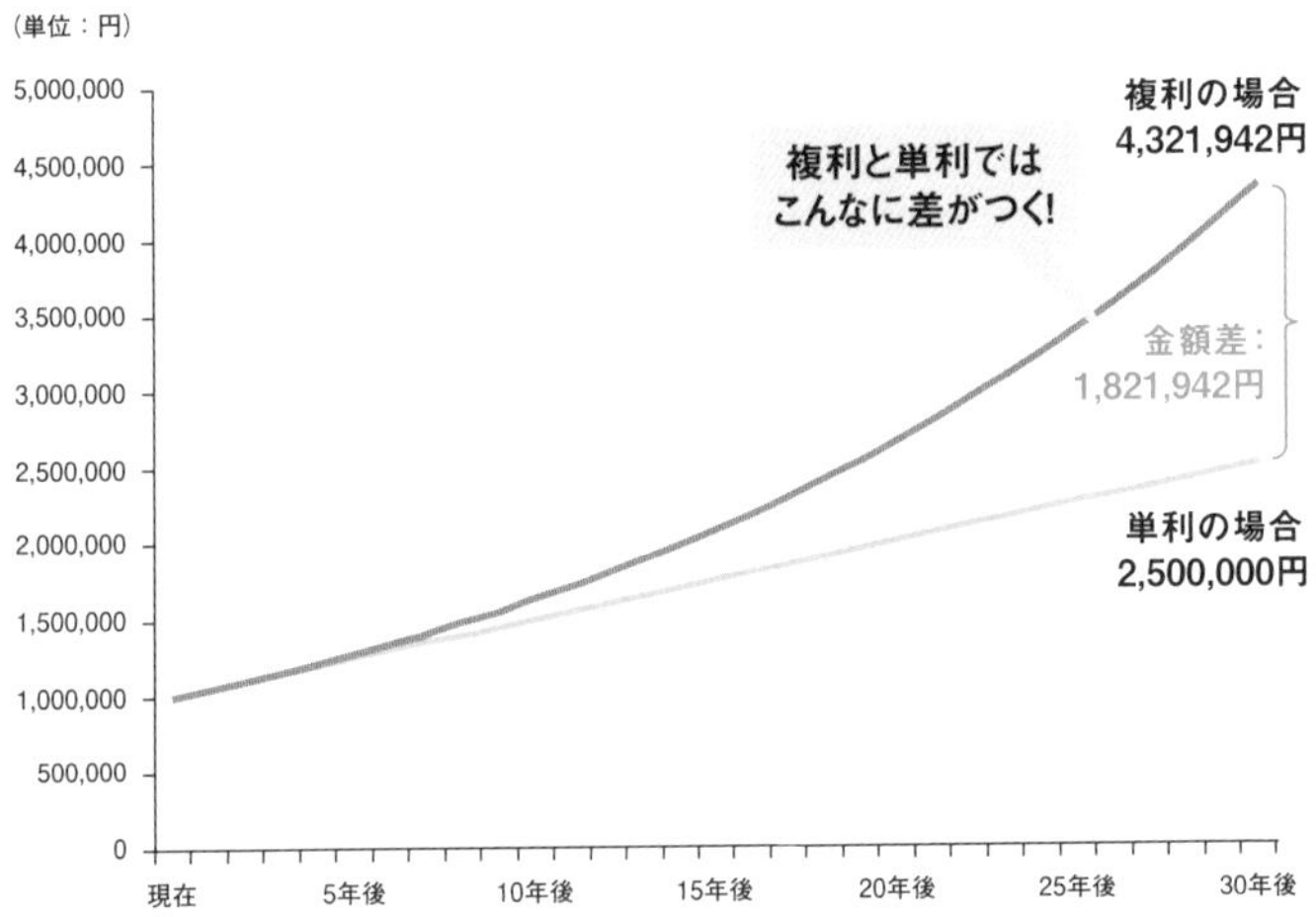

年利５%の複利で運用すると１００万円は30年で４３２万１９４２円に

一方、「元本＋利息」にさらに利息がつくのは「複利」と呼びます。

たとえば１００万円を年利５%で複利運用する場合、投資した１年後は１０５万円になり、さらに１年後には１０５万円に対して５%、つまり５万２５００円の利息がつくので、１１０万２５００円になるわけです。このように年利５%の複利で運用すると、１００万円は30年でなんと４３２万１９４２円まで増える計算になります

（図19）。

単利と複利の差を見ると、効率よく資産形成するためには「複利」の考え方で運用するのが重要なポイントであることがわかります。

投資してお金が増えたら「増えた分」もさらに投資して、長く運用を続けることがとても大切なのです。これをやるかやらないかで、資産形成の成果には大きな差がつくことになります。

投資したお金を2倍にするのに何年かかるかわかる「72の法則」

ここでもう1つ、「72の法則」もご紹介しましょう（図20）。

この法則は、投資した資金を2倍にするのに何年かかるかを「72÷金利」で計算できるというものです。

たとえば、先ほどご紹介したＪＰモルガン・アセット・マネジメントの予測では、今後10〜15年の世界株式の期待リターンは年8・5％です。

仮に年8・5％で複利運用したとすると、投資したお金が2倍になるのにかかる年数

図20　72の法則

資金が2倍になる投資期間（年数）＝72÷金利（%）

↓

世界株式の期待リターン8.5%の場合は、
72÷8.5＝8.5年で資産は倍に！

は「72÷8・5＝8・5年」ということになります。

　このような計算をしてみると、複利運用の効果の大きさをイメージしやすいのではないでしょうか。

6 すべての人に「資産管理」が必要な時代

時代の転換点を迎えて「運用しないこと」のリスクが無視できなくなった今、私はすべての人が運用に取り組み、積極的に自分や家族の資産を管理していくべきだと考えています。

これまで運用をしてこなかった方は、「運用」「投資」といった言葉を聞くと「危ないのでは?」「でも、うまくいけば大儲けできるかも……」などと考えるのではないかと思います。

日本では「投資をしている人」というと、FX(外国為替証拠金取引)や暗号資産、株のデイトレードなどで一喜一憂しながら一攫千金を狙うイメージを持つ人が多いでしょう。

また、退職金などまとまったお金を手にして「少しは増やさなければ」と考え、金融機関に相談して、一部の資金で「儲かりそうな人気の金融商品」を買うといったケースも少なくありません。

資産運用の目標設定をしよう

こういったやり方の問題は、資産運用の目標設定が欠落していることです。

本来、資産運用は「先々使うお金なのでインフレに負けないくらいには増やしたい」とか、「老後資金を十分に準備するために長期で大きく増やしたい」などの目標を持ち、運用に回せる金額や運用できる期間なども考えながら、目標を達成できそうな方法を検討して取り組むべきものです。

「儲かりそうだから」とハイリスクな商品や人気の商品に無計画に手を出すのは、それこそ博打《ばくち》のようなものであり、とても「資産運用」とは呼べません。

7 資産は「安定」と「積極」に分けて運用する

私が本書で提案したいのは、資産を「①リスクを抑え、安定的なリターンを目指して運用する分」と「②ある程度のリスクをとって高めのリターンを目指し、積極運用する分」の2つに分けて運用管理することです。

利用する金融商品は、「投資信託（投信、ファンド）」です。投信は、資産運用を専門とする会社が、個人から小口の資金を集めて合同運用する金融商品です。投信の大きな魅力は、少ない資金からでも購入可能で、世界中の株式や債券などのさまざまな資産に分散投資できる点にあります。詳しくは第3章で説明します。

具体的な方法は順を追ってご説明していきますが、「①安定運用する分は預金と債券ファンドに振り分け、②積極運用する分は株式ファンドで積み立て投資をする」のが基本的な戦略です。

2つのライフステージに分けて資産管理の方法をお伝えする

では、「①安定運用する分」と「②積極運用する分」はそれぞれどれくらいにすべきなのでしょうか？　これは、皆さんが置かれているライフステージによって変わります。

運用期間を長く取れる方や将来に向けて資産を大きく増やしたい方であれば「積極運用する分」を多くする必要があるでしょう。

逆に運用できる期間があまり長くない方や、すでにある程度の資産を築いていて、それを守ることを重視したいという方であれば「安定運用する分」を多くするのが望ましいと言えます。

そこで本書では、ライフステージに応じた資産管理の方法を皆さんにお伝えしていきたいと思います。具体的には、ライフステージを2つの層に分け、20～50代など若い世代の方はこれから時間をかけて資産をつくっていく層という意味で**「資産形成層」**、シニアの方は手元の資産を使っていく層という意味で**「資産活用層」**として、それぞれの資産管理法をご説明します。

資産形成層の人は、将来に向けて積極的に増やす割合を高めることがポイント

資産形成層の方の場合、年齢やそれぞれのライフスタイルにもよりますが、これからさまざまなライフイベントを控えているケースが多いのではないかと思います。先々、結婚したり子どもを持ったり住宅を購入したりする場合、そのための資金を準備する必要があるかもしれません。もちろん、老後に向けてまとまった資金をつくることも大切でしょう。

資産形成層はお金をしっかり増やしていく必要がありますから、資産管理を行ううえでは、将来に向けて積極的に増やす割合を高めることがポイントです。とはいえ、長く働き続ける間には、体を壊したり仕事をやめざるを得ない場面に遭遇したりといった不測の事態が起きる可能性もゼロではありません。とっさに使えるお金はある程度準備しておく必要がありますから、その分は安定運用したほうがいいでしょう（図21）。

図21 資産形成層の資産(お金)の管理はこうする!

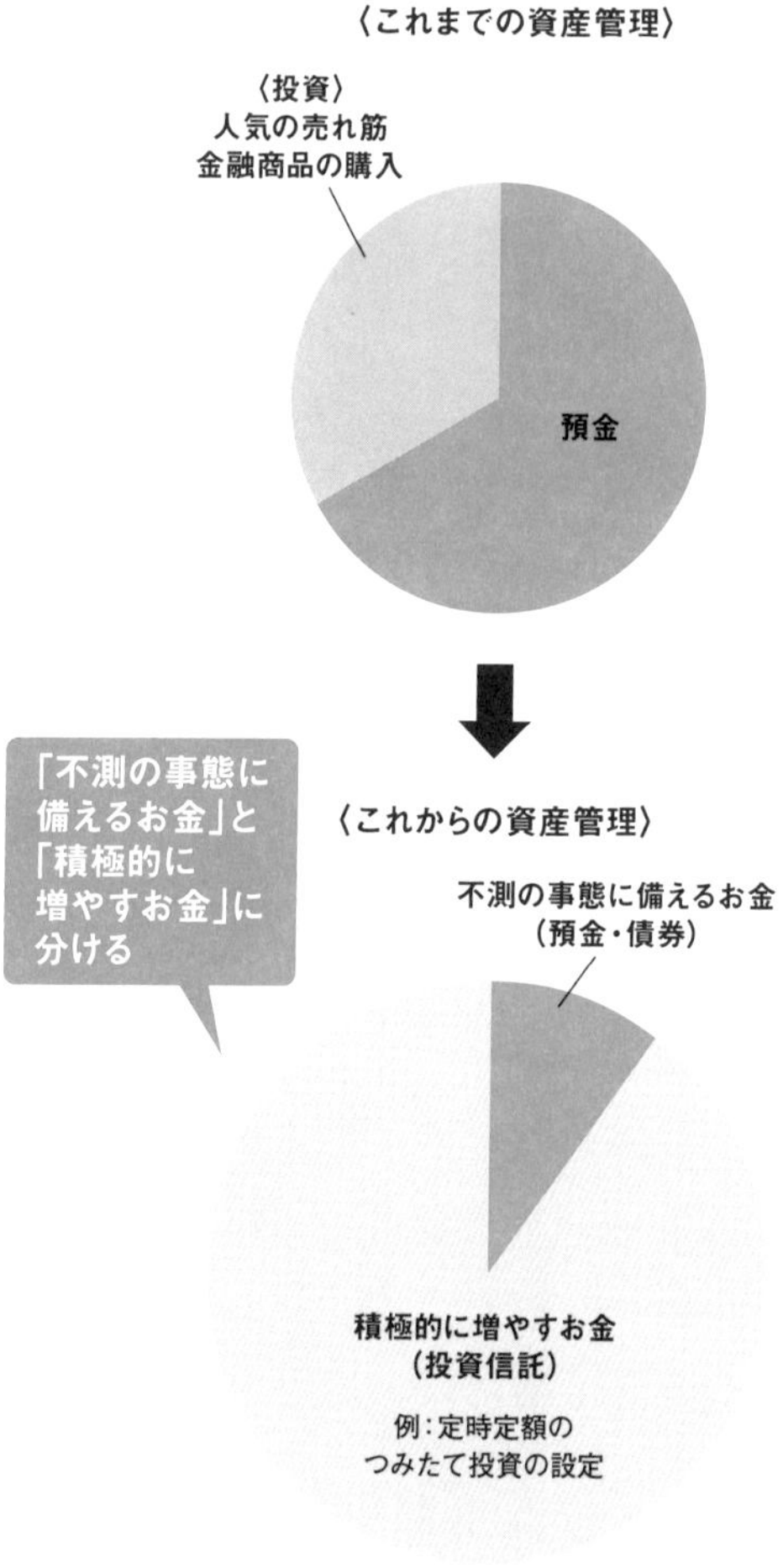

▶ 預金を減らして、積極的に増やすお金の割合を高める!

資産活用層の人は、「安定的に運用しながら使う」ことを考える必要がある

もう一方の資産活用層の方の場合は、これまで貯めてきたお金や退職金などのまとまった資金をどう活用するかが重要です。

多くの方は年金収入を得ながら、不足する分は資産を取り崩して生活していくことになると思いますが、資産を預金に置いておくだけでは実質的な価値が大きく目減りする可能性があることは、先にご説明しました。

資産を守るためには「安定的に運用しながら使う」ことを考える必要があります。

「長生きリスク」に備えるために積極的な運用が必要

これに加えて私が提案したいのは、「安定的に運用しながら使うお金」の一部を積極的に運用していく方法です（図22）。

「人生100年時代」と言われる昨今ですが、長生きは喜ばしいことである半面、「長

図22 資産活用層の資産（お金）の管理はこうする！

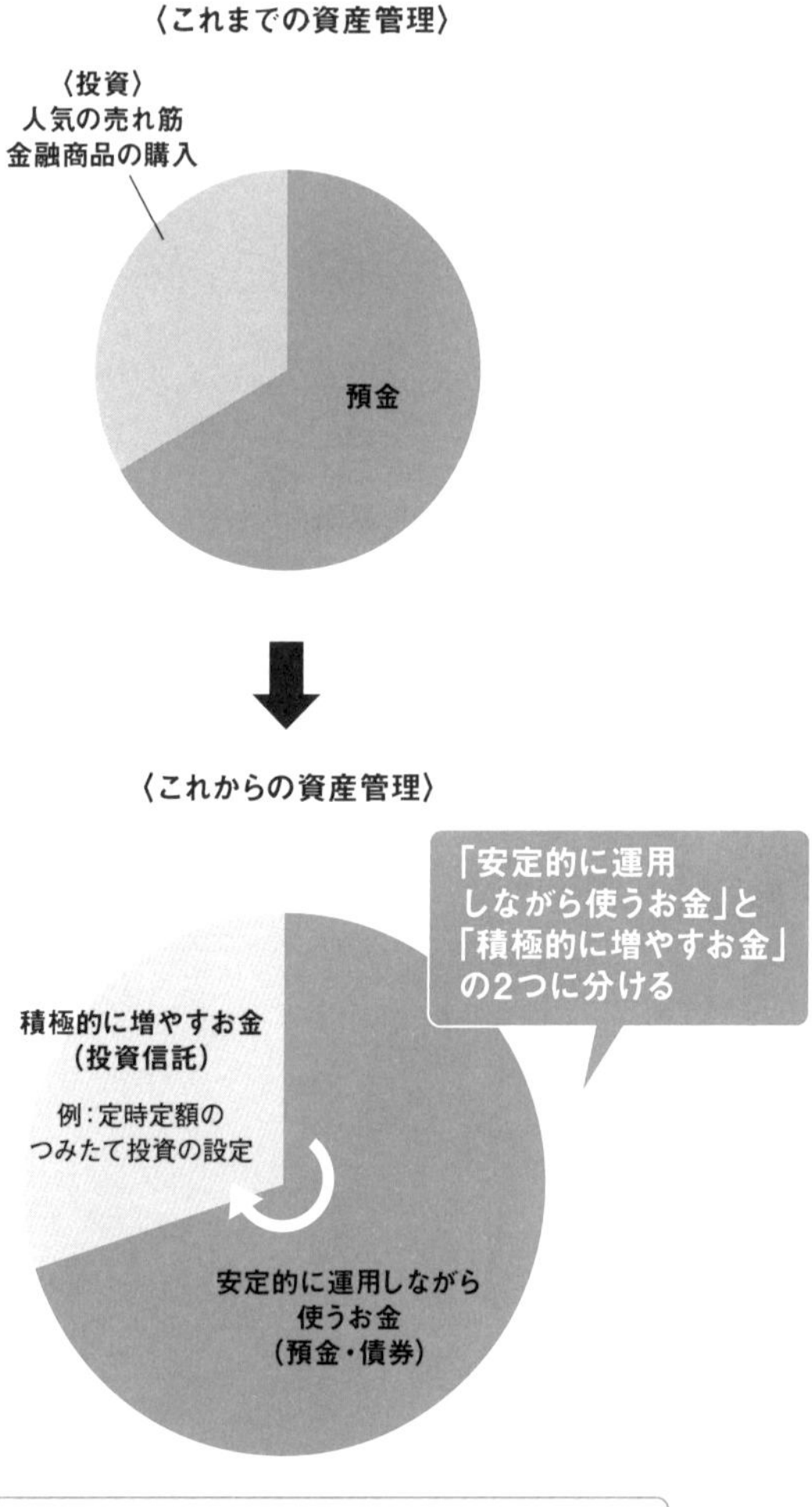

▶ 安定的に運用しながら使うお金の割合を高める！

生きして資金が不足するリスク」にも目を向ける必要があります。

リタイア後も10年、20年と長期の運用期間をとることは十分に可能ですから、「長生きリスク」に備えるためにもぜひ、積極的な運用を検討していただければと思います。

次章では、「安定運用」「積極運用」をするための前提となる知識を押さえていきましょう。

第3章

お金を守り増やすために必要な知識を押さえよう

1 資産管理法を学ぶ前に知っておくべきこと

ここまでに、私たちを取り巻く環境が大きな転換点を迎えていること、これからはお金を運用しなければ資産が目減りしてしまう可能性が高いこと、資産を守り増やすためには「安定運用」と「積極運用」を組み合わせた資産管理が必須であることをご説明しました。

第3章では、具体的な資産管理法をご提案するうえで前提となる「資産運用の基礎知識」をお伝えしたいと思います。

主なポイントは、以下の5つです。

①資産管理に活用する「株式」「債券」とは、どのような性質を持つ資産なのか
②多くの方が資産管理に活用しやすい金融商品「投資信託」とは、どのようなものか
③リスクを抑えて運用するための「長期」「分散」「積み立て」とは

図23　お金を増やすために知っておきたい5つの基礎知識

1. 「株式」「債券」とは、どのようなものか？
2. 「投資信託」とは、どのようなものか？
3. 「長期」「分散」「積み立て」投資とは？
4. 「株式ファンドは積み立て」「債券ファンドは一括」の理由
5. 「投資信託」を選ぶポイントは？

④「株式ファンドは積み立て投資」「債券ファンドは一括投資」をお勧めする理由
⑤６０００本近くある投資信託から、投資すべき商品を選ぶポイント

　これまでに投信の積み立てなどの経験があり、これらのポイントについて「すでに知っている」という方は、本章を読み飛ばしていただいても構いません。

2

まず「株式」と「債券」の性質を知る

皆さんが資産運用と聞いて思い浮かべるのは、どんな金融商品でしょうか？

おそらく多くの方がまっさきに挙げるのは、株式ではないでしょうか。自分では投資したことがなくても、ニュースでは日々、株価などの情報を目にすることができます。

株式投資をするには、企業が発行する株式を買います。企業は自社の株に投資された資金を使い、設備や事業などに投資してさらなる成長を目指します。企業が成長して株価が上昇すれば、投資した人はその株を売却すれば値上がり益を得られるほか、保有する株式に応じて、投資した人に配当金が支払われ、利益が還元されることもあります。

株式は「ハイリスク・ハイリターン」の金融商品

株式は、投資先の企業が大きく成長すれば高い収益を得られる可能性がありますが、逆に投資先企業の業績が悪化した場合などは、大きく値下がりすることもめずらしくありません。皆さんが通常、投資対象とするものの中では、値動きの幅が大きい「ハイリスク・ハイリターン」の資産だと言えます。

債券は「ローリスク・ローリターン」の金融商品

もう1つ、皆さんに資産管理のために活用いただきたいのが債券です。

債券とは、どのようなものなのでしょうか？

皆さんが聞いたことがあるのは「国債」でしょう。国債は国が資金を調達するために発行する有価証券です。同様に、地方公共団体や企業なども、投資家から資金を調達するために債券を発行します。企業が発行する債券は「社債」と呼びます。

債券は利率、利払い日、満期日が決められており、投資家は定期的に決められた利子をもらえるほか、満期時には額面金額を受け取れます。債券も市場で取り引きされており、金利動向などにより価格が変動します。

債券は、受け取れる利息があらかじめ決まっており、満期になれば元本が戻ってくるといった性質を持つことから、値動きの幅は株式と比べて相対的に小さく、「ローリスク・ローリターン」の資産だと言えます。

3

「投資信託」を活用すれば誰でも簡単に運用できる

本書で皆さんに提案するのは、株式と債券を組み合わせてお金を運用管理する方法です。「難しそうだな」と思うかもしれませんが、投資信託（投信）という金融商品を利用すれば、株式や債券などさまざまな資産に手軽に投資できますから、どうぞご安心ください。

投資信託とは、どのようなものなのでしょうか？

たとえば、皆さんが10万円を運用する場合を考えてみましょう。「自由に運用してください」といわれたら、何に投資しますか？　今なら「暗号資産（仮想通貨）」という人もいるかもしれませんが、身近なところで「株式投資」と答える方が多いのではないかと思います。

しかし10万円という投資額では、株式は多くても数銘柄しか買えません。頑張って数銘柄買ったとして、そのうち1銘柄でも大きく値下がりすれば、投資資産が急減してしまいます。このことからわかるように、リスクを抑えて安定的に資産を運用するには、「より多くの銘柄に分散して投資する」ことが必要です。

購入できる投信は、約6000本ある

そこで私たちの味方になるのが、投資信託です。

投信は、資産運用をなりわいとする会社が、個人から小口の資金を集めて合同運用する金融商品です。「ファンドマネジャー」と呼ばれる運用のプロが、皆さんから集めた資金をさまざまな資産に投資して運用してくれます（68ページ図24）。

皆さんが購入できる投資信託には、現在6000近い商品があります。これらの投信を活用すれば、誰でも世界中の株式や債券などに分散して投資することができるのです。投信は100円や1000円といった少額から購入できるので、投資が初めてという方や投資できる資金が少ないという方にとっても、チャレンジしやすい金融商品だと言えます。

なお投信には、実際に投信を運用する「運用会社」と、投信を販売する「販売会社」、投信を管理する「管理会社」がかかわります。少し詳しくそれぞれの役割を見ておきましょう。

図24　投資信託は世界中のさまざまな国や地域、企業へ投資できる

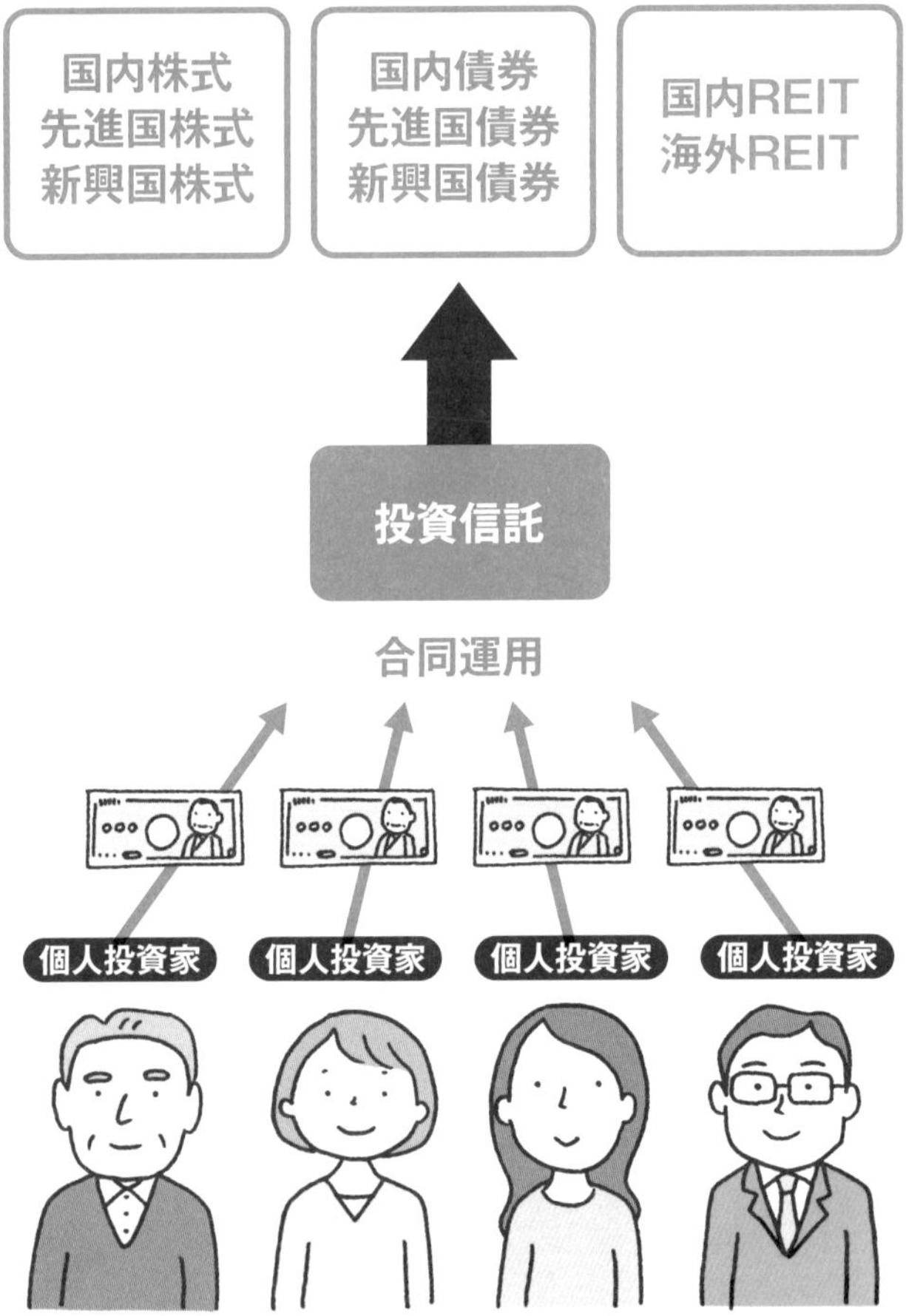

「運用会社」は、一般には「○○アセットマネジメント」「□□投信」といった会社名が多く見られます。それぞれが運用する投信にどのような資産を組み入れるのか、どんな方針で運用するのか等を考えるのも運用会社であり、投信の「メーカー」であると考えるとわかりやすいでしょう。

運用会社がつくった投信を投資家に売るのが「販売会社」で、銀行や証券会社のほか、信用金庫やＪＡバンクなどが投信を取り扱っています。皆さんが実際に投信を買う場合は、こうした身近な金融機関に「投信口座」を開設することになります。

投信に集まったお金は、信託銀行が「管理会社」となって保管しています。わかりやすく言えば、投信の「保管倉庫」のようなものです。運用会社が投資を実行する際は、お金を保管している信託銀行に指図して売買してもらいます。

投信は、「販売」「運用」「管理」にかかわる会社のいずれかが破たんした場合も資産が守られる仕組みになっています。販売会社や運用会社は、投資されたお金を管理しているわけではないので、仮に破たんしても投信の財産には影響がありません。

また、投信の財産を管理している信託銀行には、信託財産を信託銀行自身の財産とは区分して管理する**「分別管理」**が法律によって義務づけられています。このため、仮に信託銀行が破たんしたとしても、投信の信託財産には影響はありません。

4 リスクを抑える方法を知る前に、「そもそもリスクとは何か」を学ぶ

皆さんの中には、「資産管理はしたいけれど、できればリスクはとりたくない」と考えている人もいるかもしれません。一般にはリスクという言葉は「危険性」という意味で使われていますから「危ない目にあうのは避けたい」と思うのも無理はないでしょう。

しかし投資の世界では、リスクに「危ない」という意味はありません。「リスクを取って運用する」というのは、「自分の資産を危険な状態にさらす」こととはまったく異なるのです。

投資の世界では、**リスクとは「収益のブレ（振れ幅）」のこと**を意味します。先ほど「株式は値動きの幅が大きく、ハイリスク・ハイリターン」「債券は値動きの幅が小さく、ローリスク・ローリターン」とご説明しましたが、これは「株式は危なくて債券は安全だ」ということではなく、それぞれの資産の特徴による収益のブレの違いがあるということです。

図25　1年間の投資収益幅を比較してみると……

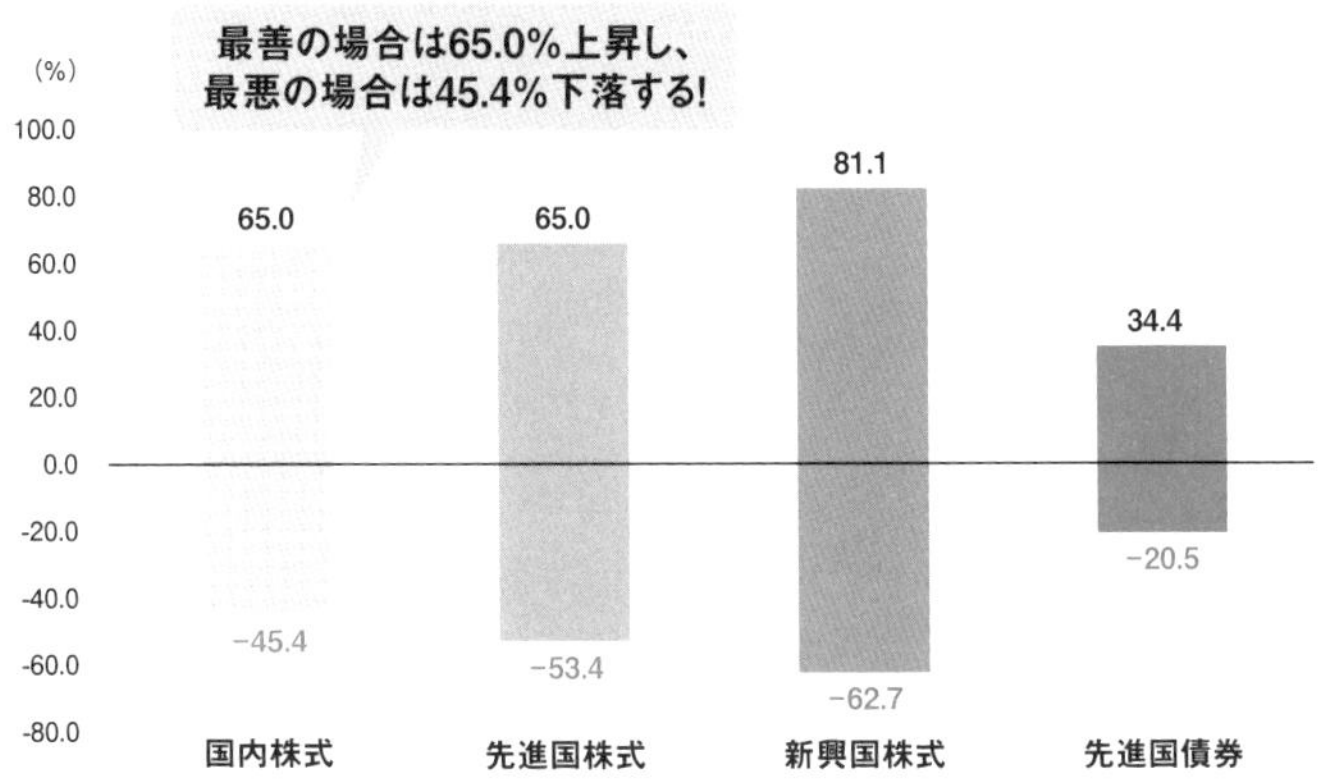

※国内株式＝TOPIX(配当込み)、先進国株式＝MSCIコクサイ指数(配当込み、円ベース)
新興国株式＝MSCIエマージング指数(配当込み、円ベース)、
先進国債券＝FTSE世界国債インデックス(除く日本、円ベース)
※円ベースのインデックス値は、各インデックスのドルベースの月末値×TTM(三菱UFJ銀行)の月末値で計算
※データ参照期間：2002年12月～2022年12月(月次)
出所：著者作成

リスクとリターンは表裏の関係にある

「リスク」について理解を深めるために、具体的な数字を見てみましょう。

図25は、２００２年12月～２０２２年12月の20年間のデータをもとに「各月末時点で国内株式、先進国株式、新興国株式、先進国債券に投資し、それぞれ１年間保有した場合の最大上昇率と最大下落率」を示したグラフです。

国内株式はＴＯＰＩＸ(東証株価指数)です。これは、日本を代表する企業で流通株式時価総額が１００億円以上の企業を対象として株式市場全体の値動きを示す指数として計算されています。

たとえば過去20年間を振り返ると、あるタイミングでTOPIXに価格が連動する国内株式の投信に投資したAさんは、1年で65・0％の利益を上げることができました。しかし、別のタイミングで同じ投信に投資したBさんは、1年でマイナス45・4％の損失を被ったわけです。

この例では、「TOPIXに連動する投信に投資した場合、過去のデータから最悪の場合は1年間で45・4％下落し、最善の場合は65・0％上昇すると考えられる」というのが、リスクの正しい認識です。

図25のグラフからは、リスクが大きければ期待できる最大リターンが大きくなること、債券と比べると株式は価格のブレが大きくリスクが高めであること、また同じ株式でも先進国株式より新興国株式のほうがリスクが高めであることなどがわかるでしょう。

これは投信に限らず金融商品すべてに言えることですが、**原則としてリスクとリターンは表裏の関係にあります。**

リスクが低い商品を選べば期待できるリターンは低くなり、高いリスクを取る商品でしか高いリターンは期待できません。このことを前提に、「リスクを抑える運用方法」を知って実践することが大切です。

5 運用期間を長くし、資産を分散するほど、リスクは低減する

リスクを抑える運用方法として広く知られているのが、**「長期・分散・積み立て」投資**です。近年は金融庁も「長期・分散・積み立て」を強力に推進していますから、皆さんも耳にしたことがあるのではないでしょうか。

ここで、「長期投資」「分散投資」「積み立て投資」がどのようにリスクを抑えてくれるのかを確認しておきましょう。「長期投資」については、過去のデータから、**投資では「運用期間が長ければ長いほど価格のブレが小さくなる」**ということがわかっています。

たとえば74ページ**図26**は、先ほどと同様に各月末時点でそれぞれの資産に投資したケースで「1年間」「5年間」「10年間」保有した場合の最大上昇率と最大下落率を示したものです。先進国株式に投資した場合、運用期間1年では投資収益のブレは118・4％（65・0％＋53・4％）です。それが、5年間保有すればブレは33・8％（22・7％＋11・1％）に、10年保有すると14・7％（18・3％－3・6％）まで縮小しているのです。

図26 長期投資でリスクを低減できる!

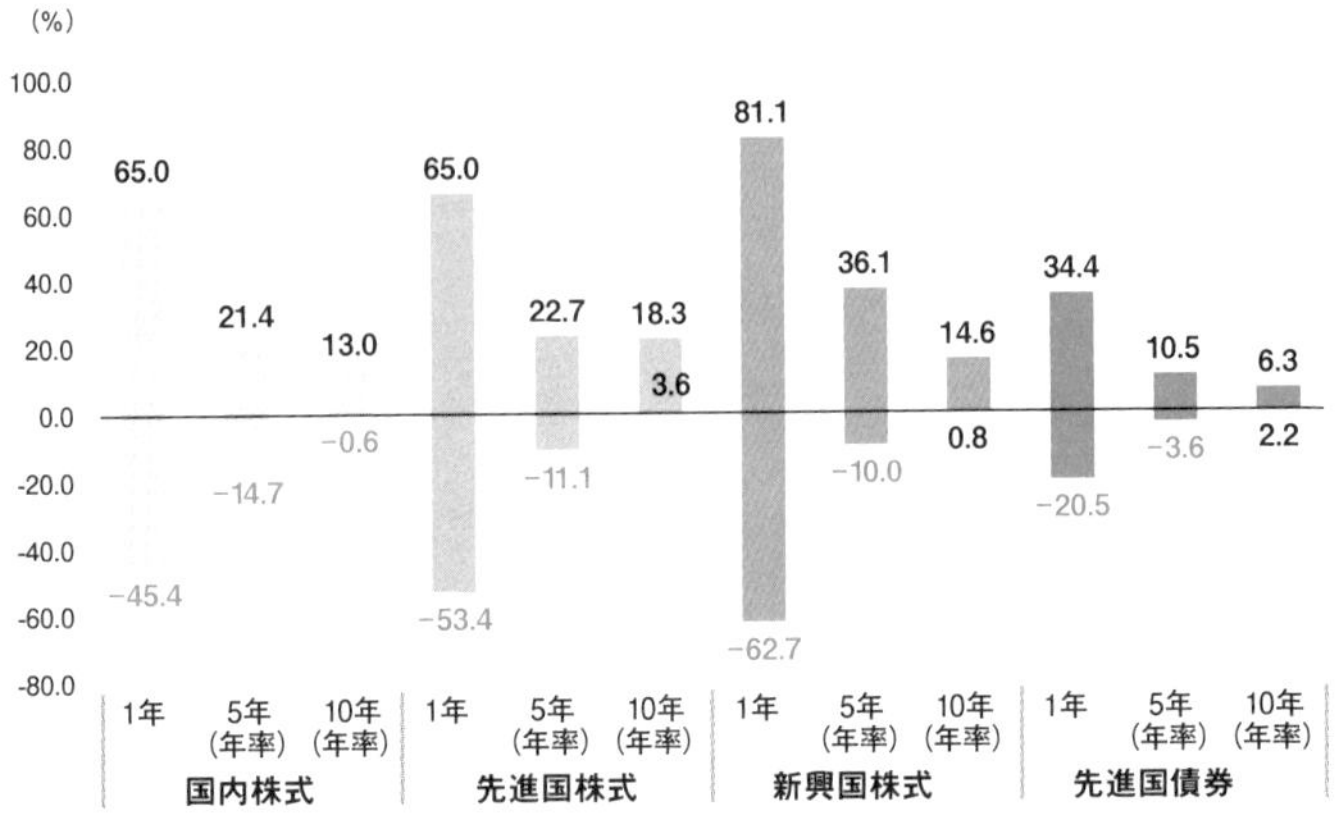

※国内株式＝TOPIX(配当込み)、先進国株式＝MSCIコクサイ指数(配当込み、円ベース)、新興国株式＝MSCIエマージング指数(配当込み、円ベース)、先進国債券＝FTSE世界国債インデックス(除く日本、円ベース)
※円ベースのインデックス値は、各インデックスのドルベースの月末値×TTM(三菱UFJ銀行)の月末値で計算
※データ参照期間：2002年12月〜2022年12月(月次)
出所：著者作成

10年以上をかけて運用することがリスクを抑えるカギ

運用期間を十分に長く取ることは、リスクを抑えて安定的な収益を目指すことにつながります。

特に、積極的な運用で高いリターンを目指す株式ファンドで運用する場合、最低でも5年、できれば10年以上の期間をかけ、できるだけ長く運用を続けていくことがリスクを抑えるカギになります。

これは資産形成層の方はもちろん、資産活用層の方にも当てはまる話です。

資産活用層の方は「長期投資」と聞く

と「そんなに長い運用期間はとれないかもしれない」と感じるかもしれませんが、今は「人生１００年時代」。仮に65歳、70歳といった年齢から運用を始めたとしても、10年、15年と運用を継続することは十分に可能です。

「分散投資」については、株式と債券など異なる資産を一緒に持つ「**資産分散**」や、複数の国・地域の資産を一緒に持つ「**地域分散**」などの方法があります。

分散投資によってリスクが抑えられるのは、値動きが異なる資産を持っておくと、ある資産の価格が下がったときに他の資産の価格上昇で補う効果が期待できるからです。

なお、さまざまな資産に分散する際、株式のようにリスクが高い資産の割合を高めれば保有資産全体のリスクは高まり、逆に債券のようにリスクが低い資産の割合を高めれば保有資産全体のリスクは低くなります。

6 国が「積み立て投資」を後押しする理由

積み立て投資については、国が後押ししているのはもちろん、銀行や証券会社などの金融機関も推進に力を入れています。もちろん、私も積み立て投資の有用性について、さまざまな場で繰り返しご説明してきました。なぜこれほど積み立て投資が勧められるのか、その理由を少し丁寧に見ておきましょう。

ドル・コスト平均法は、平均購入価格を平準化する

積み立てとは、「毎月3万円」というように定時定額で投資をすることです。投資のたとえがわかりにくい場合は、身近なもので考えてみるとよいでしょう。たとえば、毎月1000円分のリンゴを買うと決めている場合、リンゴが1つ100円のときは10個買うことができます。もし1つ50円に値下がりすれば、20個も買えます。反対

に1つ200円に値上がりすれば、買えるのは5個です。つまり積み立て投資をすると、価格が安いときには量を多く、価格が高いときは量を少なく買うことになります。このように投資のタイミングを分散する投資法を**「ドル・コスト平均法」**と呼びます。

ドル・コスト平均法には、平均購入価格を平準化する効果があります。具体例で見てみましょう。78ページ**図27**をご覧ください。

たとえば、①100万円で一括投資する場合と、②毎月1万円ずつ積み立てる場合を考えてみましょう。

1口1万円のときに投資を開始すると、一括投資で買えるのは100口です。

一方、積み立ての場合、基準価額が1万円のときは1口、8000円のときは1・25口、7000円のときは1・42口、5000円のときは2口というように、価格が下がると買える口数が増えます。

図27下のように、基準価額が5000円まで下落した後、7000円まで戻ったとすると、基準価額は当初の1万円から30%下落したことになります。100万円を一括投資した場合は、資産が70万円に減ってしまうわけです。

しかし、積み立て投資の場合は基準価額が下がったときに口数を多く買うことができており、1口あたりの平均購入価格は6666円になります。つまり、基準価額が70

図27 積み立て投資で量(口数)を増やすことを考える

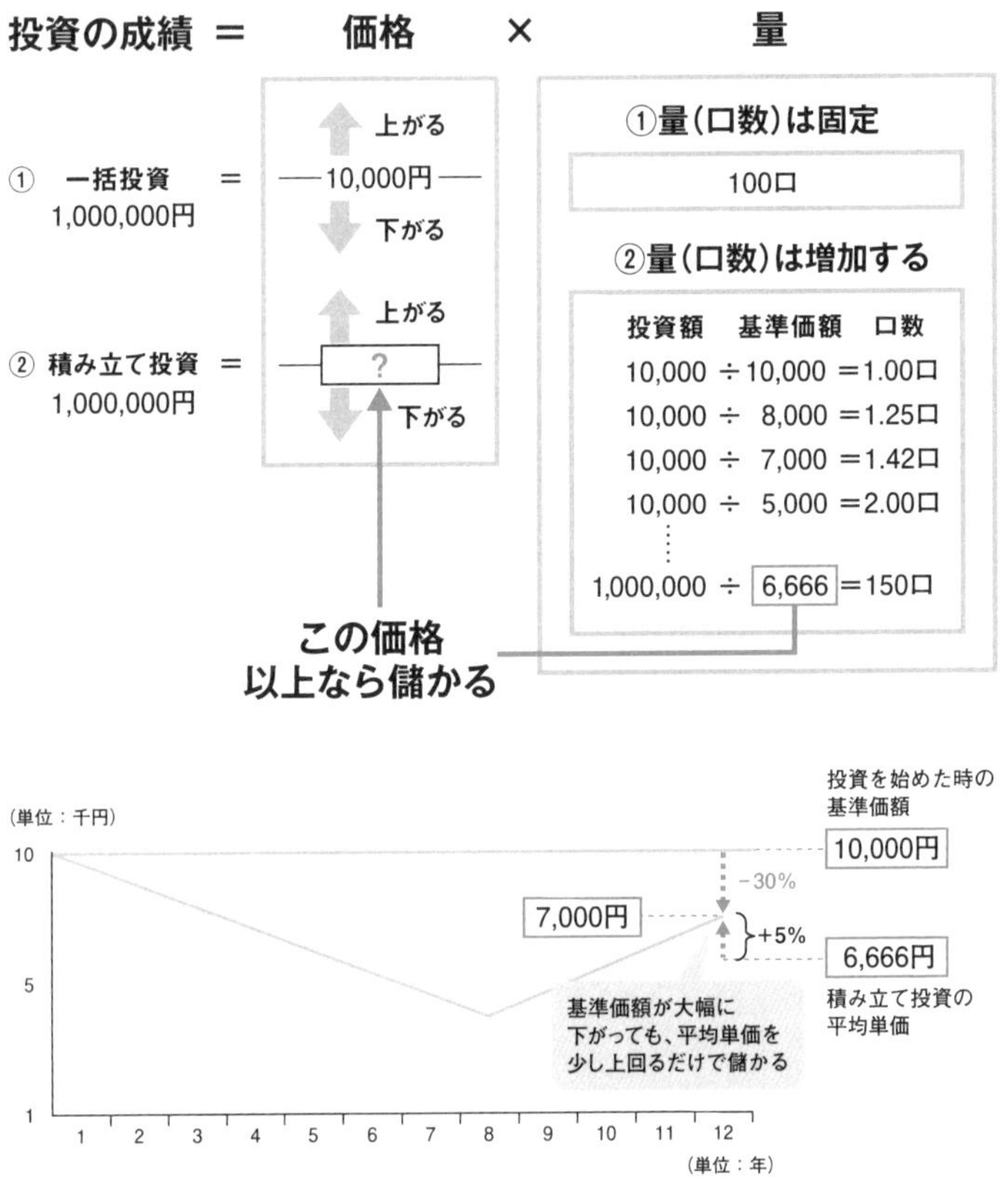

投資の成績 ＝ 価格 × 量
上がる
① 一括投資 1,000,000円 ＝ 10,000円
下がる
上がる
② 積み立て投資 1,000,000円 ＝ ?
下がる
①量(口数)は固定
100口
②量(口数)は増加する
投資額 基準価額 口数
10,000 ÷10,000 ＝1.00口
10,000 ÷ 8,000 ＝1.25口
10,000 ÷ 7,000 ＝1.42口
10,000 ÷ 5,000 ＝2.00口
1,000,000 ÷ 6,666 ＝150口
この価格以上なら儲かる
(単位：千円)
10
5
1
1 2 3 4 5 6 7 8 9 10 11 12
(単位：年)
投資を始めた時の基準価額
10,000円
−30%
7,000円
+5%
6,666円
積み立て投資の平均単価
基準価額が大幅に下がっても、平均単価を少し上回るだけで儲かる

00円に下がっていても、儲けが出ているのです。

もちろん、投資は「安く買って高く売る」ことで儲けが出るわけですから、この例で言えば「基準価格が5000円のときに1000万円分を買うことができれば一番いい」ということになります。

しかし、値動きのある運用商品を買う場合、いつが「お買い得」なのかを見極めるのは非常に難しいものです。

値動きのある金融商品は当然、値下がりすることもある

80ページ図28をご覧ください。たとえば、100円で買った金融商品が120円に値上がりしたとき、そこで「よし、2割儲かった」と判断して売ることができるものでしょうか？　おそらく多くの人は、「2割上がったのだから、もう少し上がるかもしれない」「130円、いやもしかすると140円になるかもしれない」などと考え、売却をためらうでしょう。

しかし値動きのある金融商品は当然、値下がりすることもあります。保有し続けるう

図28 売却するタイミングは難しい

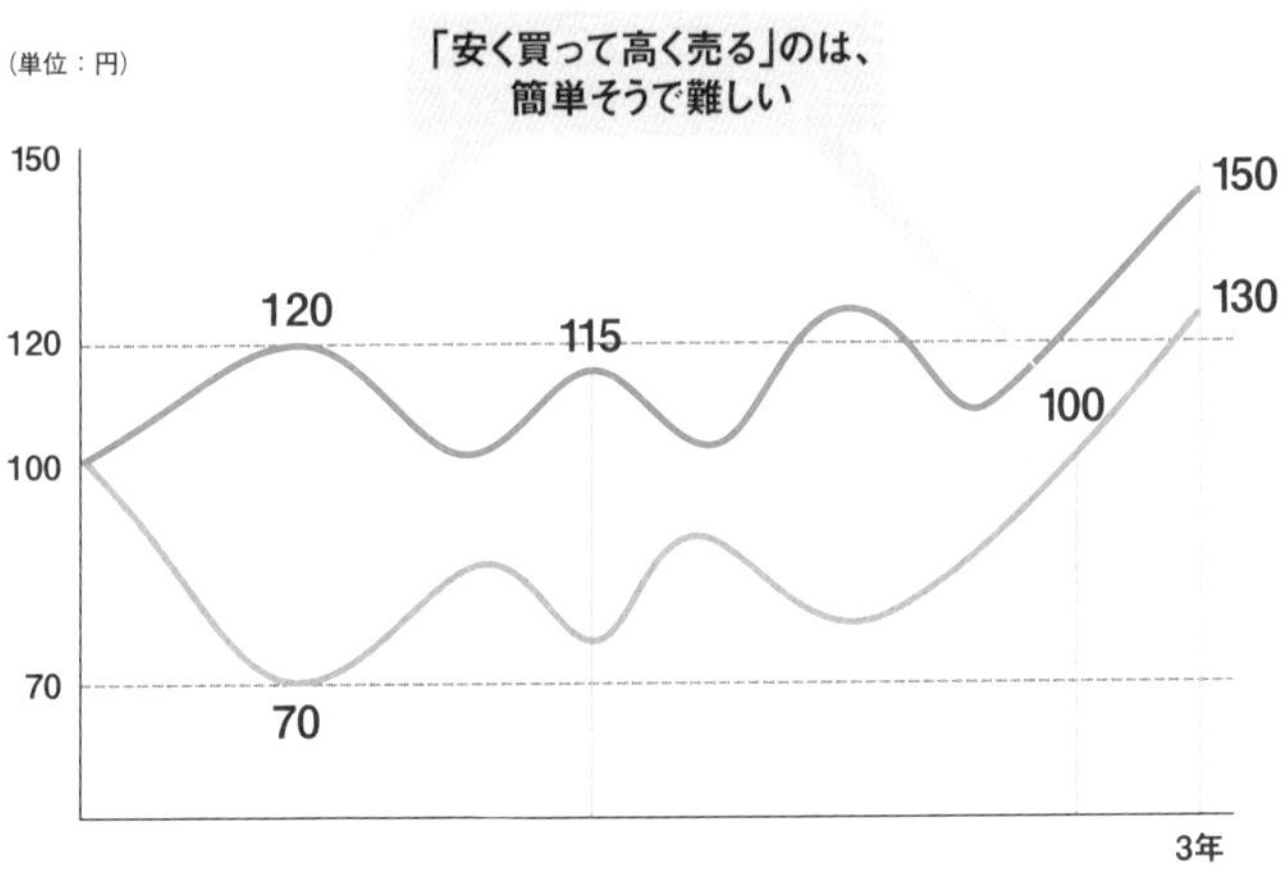

ちに値下がりし始めると、115円まで下がったときに「これ以上下がったらどうしよう」と考えて売却するといったことになりがちなのです。

100円で購入した金融商品が、どんどん値下がりして70円まで下落するといった値動きをすることもあります。このような場合、多くの人は価格が100円に戻ったところで「やれやれ、これで損失を回避できる」と考えて売ってしまいます。その後に130円まで上昇する可能性があっても、もう待つことができなくなるのです。

このようなやり方では、損失は出ないかもしれませんが、投資した意味がありません。

図29　売買のタイミングを計る投資は難しい

〈TOPIX（東証株価指数）と国内公募投信の資金流出入額の推移〉

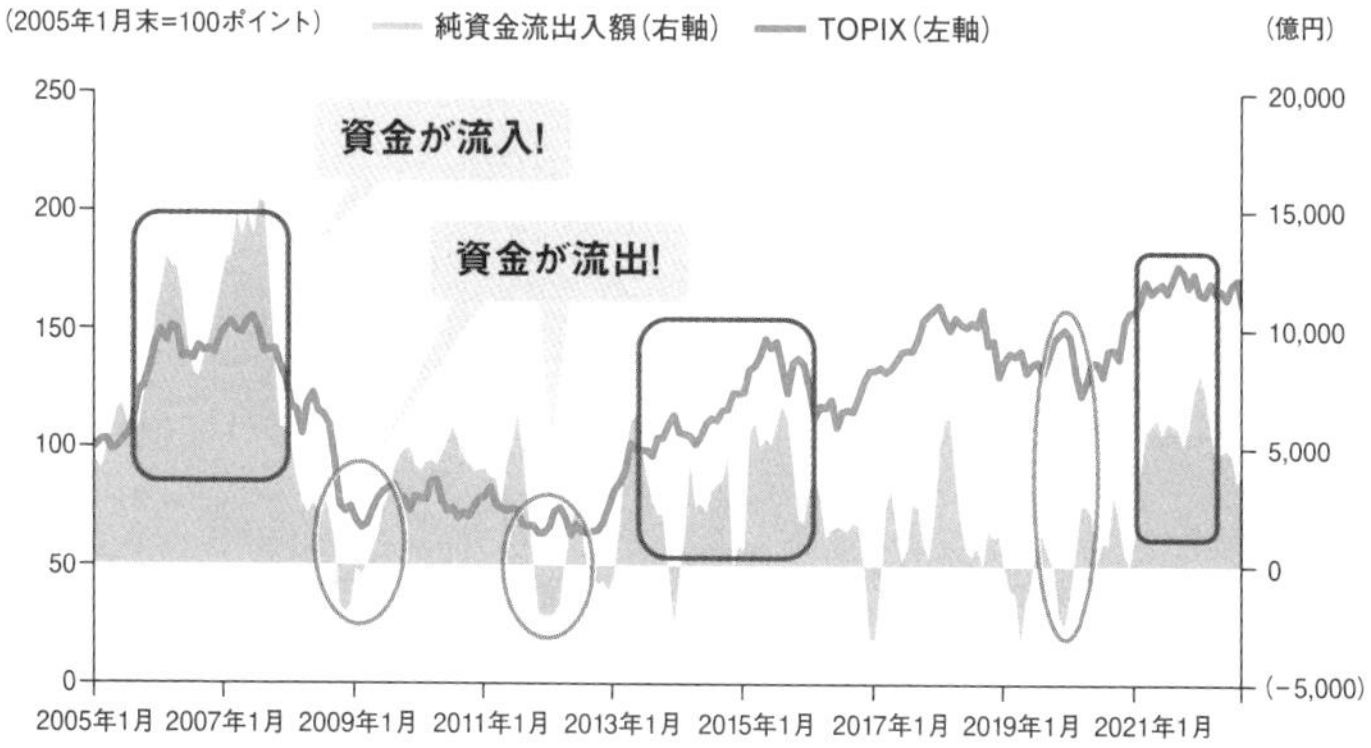

※ 純資金流出入額＝国内公募追加型株式投信（確定拠出年金及びファンドラップ専用、ETF等除く）の3カ月移動平均
※ TOPIX＝TOPIX（配当なし）
※ 期間＝2005年1月〜2022年9月（月次）
出所：著者作成

多くの投資家は「高く買って安く売っている」

ここで、投資のタイミングを計る難しさを示すデータを見てみましょう（図29）。このグラフは、TOPIX（東証株価指数）と国内公募投資信託の資金流出入額の推移を示したものです。

公募投資信託に資金が流入しているのは投資信託を買っている個人投資家が多いとき、流出しているのは投資信託を売っている個人投資家が多いときです。上のグラフをチェックすると、**TOPIXが上がっているときは皆が投資信託を買い、下がっているときは**売っていることがよくわかるでしょう。

「安く買って高く売る」ことで儲かるはずなのに、多くの投資家は「高く買って安く売っている」のです。

タイミングを計って投資しようとすると、「今は買うべきか、買うべきではないのか」などとつねに頭を悩ませることになります。それよりは、積み立てで機械的に一定額ずつ買っていくのが、効率がよく合理的な方法と言えます。

10年、20年と長期で積み立て投資をすれば、それなりの利回りを上げられる

積み立て投資では、「いつ買い始めるか」を気にする必要もありません。

図30をご覧ください。このグラフは、全世界の株式に20年にわたって毎月1万円ずつ積み立て投資をした場合の投資成果を示したものです。

たとえばグラフの一番左を見ると、１９８７年12月に積み立て投資をスタートして20年間続けた場合、２４０万円の元本が６３７万円に増えたことがわかります。

注目していただきたいのは、１９８８年12月に積み立てを開始した場合のデータです。

図30 積み立て投資は開始時期を気にする必要はない

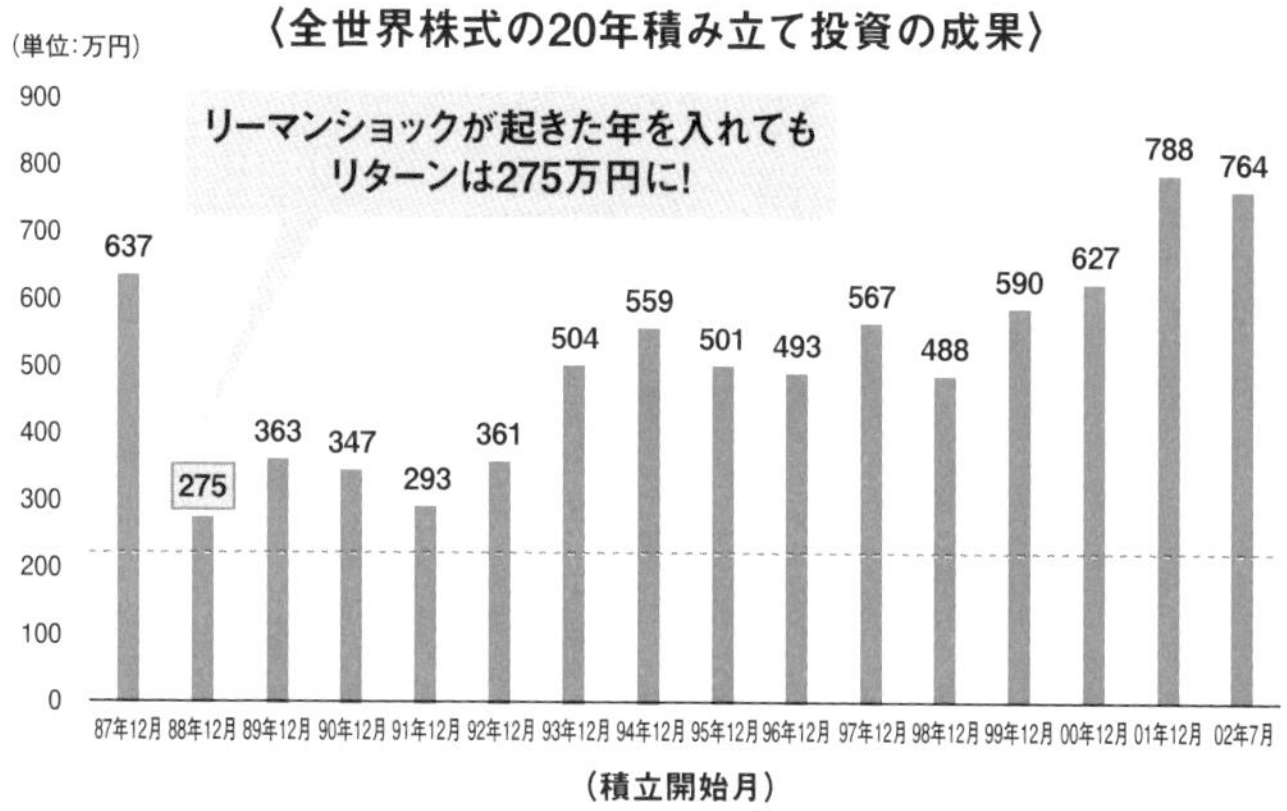

※全世界株式＝MSCI全世界株式指数(配当込み、円ベース)
※円ベース指数値は、月末の米ドルベース指数値に、月末米ドル・円レートをかけて算出
※米ドル円レートは、1989年12月までは日本銀行公表の「東京市場ドル・円スポット(17時時点/月末)」、1990年1月以降は三菱UFJ銀行TTM
※投資開始月から毎月1万円ずつ、20年間(240カ月)積立投資を行い、翌月末の時価で評価したと仮定
出所：著者作成

20年後はちょうどリーマン・ショックが起きたタイミングですから、世界の株価が大暴落していたわけですが、それでも２７５万円に増えています。

もちろんこの場合、リーマン・ショック後も運用を続けていけば、いずれ相場が回復して、もっと資産が増えていたはずです。

リーマン・ショックの暴落時でさえこのような結果になるのですから、過去の実績を見る限り、**長期で積み立て投資をすればそれなりの利回りを上げられる**と考えてよいでしょう。

7

積極運用は「株式ファンド・積み立て」で、安定運用は「債券ファンド・一括」で

ここまで積み立て投資のメリットをご説明してきましたが、私が本書で提案する「積極運用」と「安定運用」を組み合わせる資産管理法では、**「株式ファンドは積み立て投資」「債券ファンドは一括投資」**とすることをお勧めしたいと思います。

株式ファンドへの一括投資では、一時期に大幅に下がるリスクもある

まず**図31**をご覧ください。これは2007年10月から2022年10月まで15年間、全世界の株式に投資した場合のパフォーマンスを示したグラフです。毎月1万円ずつ180カ月にわたって積み立てをした場合と、2007年10月に180万円を一括投資した場合を比較しています。図31の下の棒グラフは、積み立て投資をした場合の元本の推移です。

図31 全世界株式の15年一括・積み立て投資比較

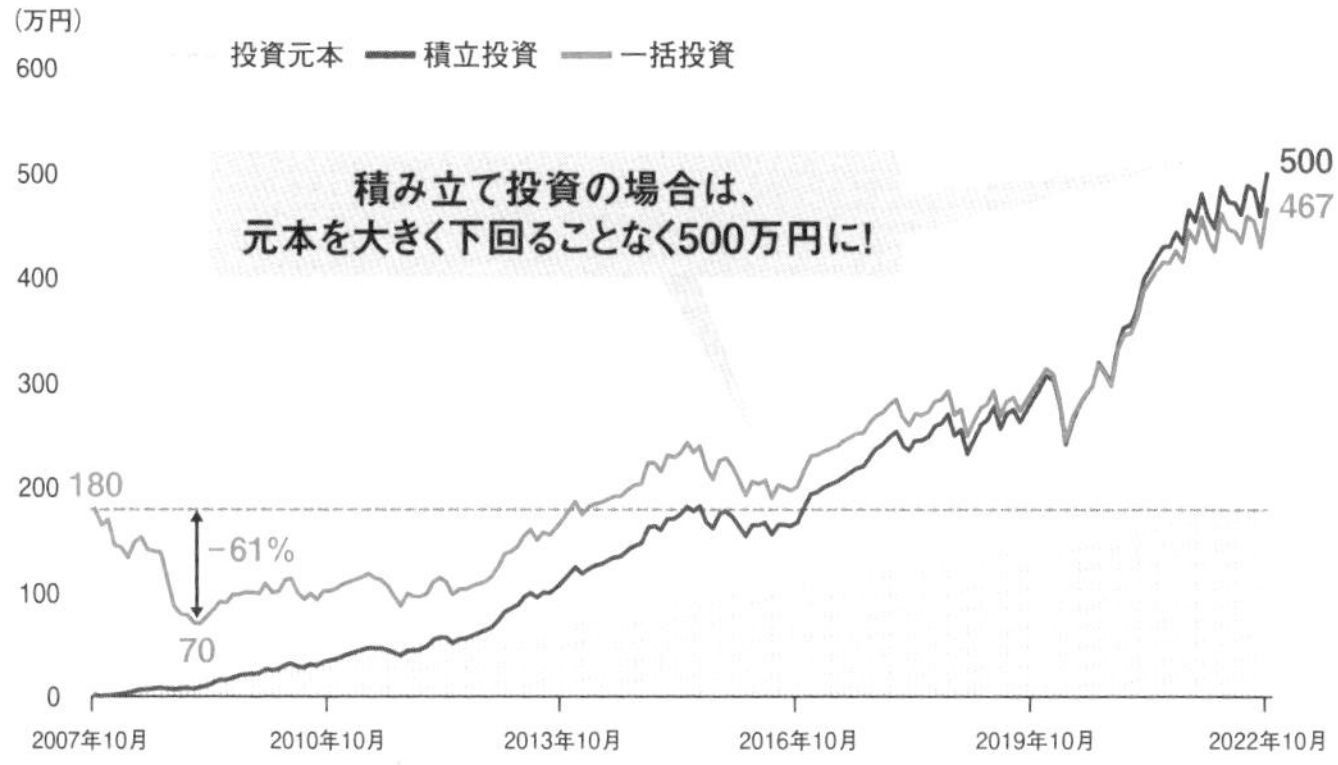

※ 全世界株式＝MSCI全世界株式指数(含む日本、円ベース)
※ 円ベース指数値は、月末の米ドルベース指数値に、月末米ドル・円レート(三菱UFJ銀行TTM)をかけて算出
※ 一括投資＝2007年10月に180万円を一括投資したと仮定して評価、積立投資＝2007年10月から毎月1万円ずつ、15年間(180カ月)積立投資を行い、翌月末の時価で評価したと仮定
出所：著者作成

一括投資をした場合の資産額の推移を見ると、一時はマイナス61％となり70万円まで下落した時期があることがわかります。その後も元本を下回った状態が長く続いたものの、最終的に2022年には467万円にまで増えています。

一方、積み立て投資をした場合には、投資元本を大きく下回る時期はほとんどなく2022年には500万円にまで増えたことがわかるでしょう。

最終的な損益には極端な差はありませんから、「このケースでは一括投資でも積み立て投資でも変わらなかった」と言ってもよさそうに思う方もいるでしょう。

しかし問題は最終的な投資成果ではなく、**一括投資では途中にマイナス61％まで下落したタイミングがあった**ということです。

皆さんがもし２００７年に世界株に一括投資していたら、マイナス61％という状況に耐えることができたでしょうか？

保有し続けるのにストレスがあることは間違いなさそうですし、基準価額が上昇して１８０万円まで戻ったときに、ホッとして売却してしまうといったことも考えられるのではないかと思います。

株式という資産は価格の振れ幅が大きいため、このような場面を迎えることはさほどめずらしいことではありません。

また、価格の振れ幅が大きいということは、「値下がりしたときに量を多く買える」という積み立て投資のメリットを十分に活かせるということでもあります。

心穏やかに運用を継続するためには、やはり株式ファンドは積み立てで投資をしたほうがよいでしょう。

図32　「eMAXIS Slim 先進国債券インデックス」の一括投資と積み立て投資の比較

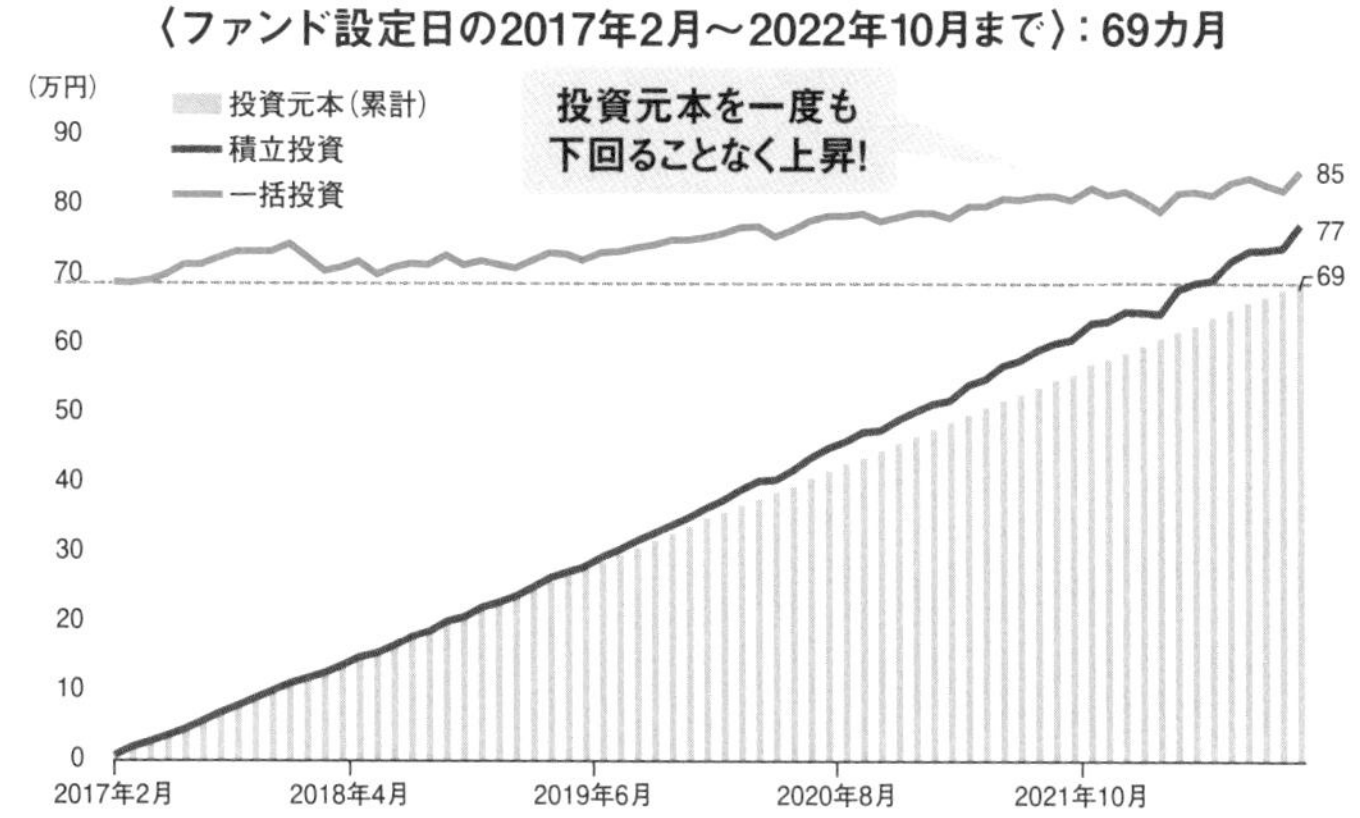

※ 投資元本(累計)＝毎月1万円ずつ月末に投資を行った場合の合計額、積立投資＝積立元本を各月の翌月末で時価評価、一括投資＝2017年2月末に一括投資した積立元本を各月末で時価評価
※ 期間：2017年2月〜 2022年10月(月次)
出所：著者作成

債券ファンドに一括で投資する

次にご覧いただきたいのが、図32です。これは世界の先進国債券で運用する「eMAXIS Slim 先進国債券インデックス」というファンドに一括投資した場合と積み立て投資をした場合を比較したグラフです。

このファンドは2017年2月に設定されたものなので、設定時から2022年10月まで69カ月のグラフを示しています。

ご覧いただければわかるように、一括投資をした場合、投資元本69万円を下回ることは一度もなく、2022年

10月には85万円まで増えています。

一方、積み立て投資をした場合も投資元本を下回ることはなく、2022年10月には77万円まで増えています。

株式と違って、債券は値動きが小さい資産です。このため、積み立て投資の「値下がりしたときに量を多く買える」というメリットは享受しにくいと言っていいでしょう。

そもそも本書で提案する資産管理の場面では、債券ファンドは「資産を守る」ために活用するものです。再三ご説明しているように、資産形成層、資産活用層に共通する課題として、「預金だけでは資産の価値が目減りしてしまう」というリスクがあります。

世界の債券に投資するファンドで運用することは、まさにこのインフレリスクに備えること、そして通貨の分散を図ることにより、円安のリスクにも備えることが目的となります。

もちろん、リスクをできるだけ抑えるという観点で債券ファンドも積み立てで投資するという選択肢もありますが、「いま預金で持っている資産を守るために債券ファンドに移す」という場面を考えると、私は債券ファンドであれば一括で投資してもよいのではないかと思います。

ちなみに、先ほど「投資のタイミングを見極めるのは困難だ」ということをご説明し

図33　金融政策と景気の動き

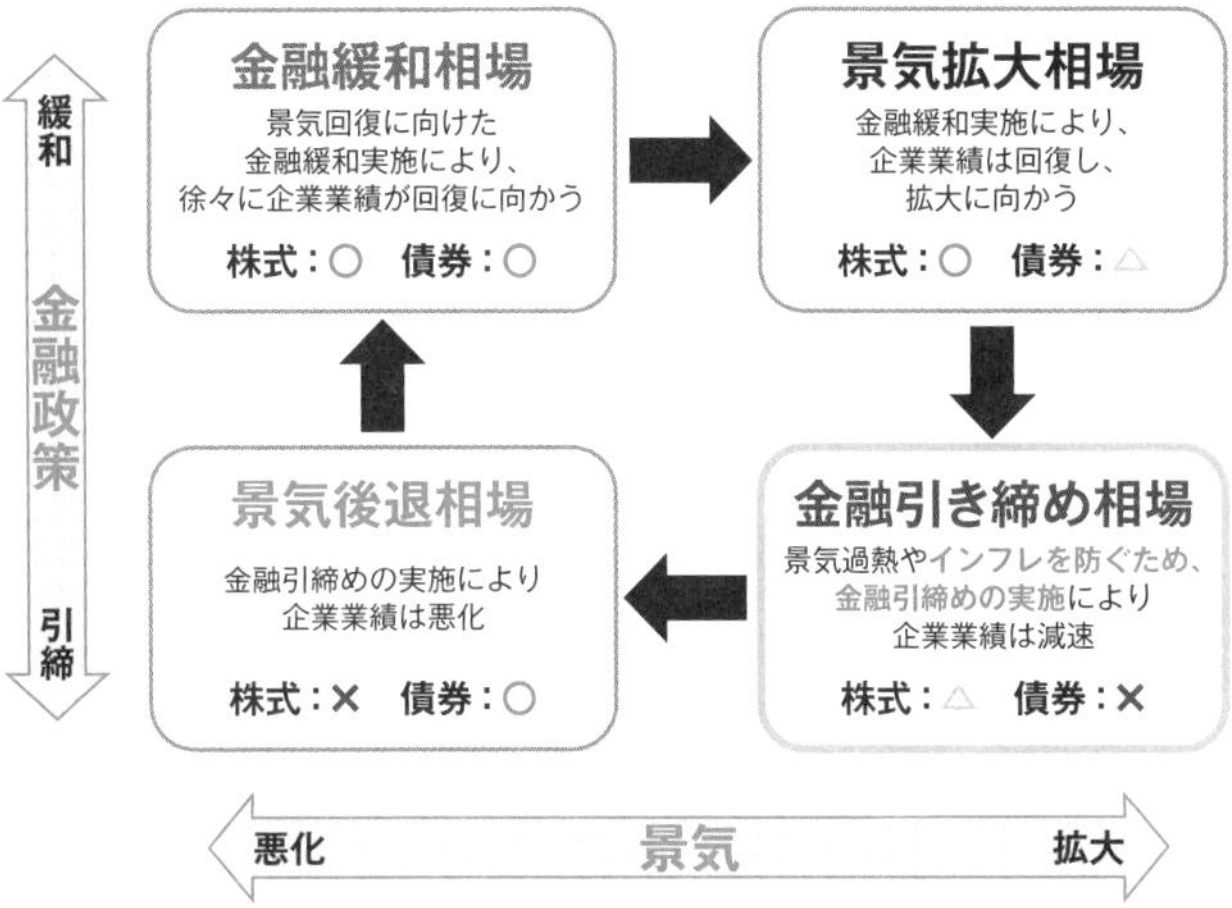
緩和
金融政策
引締
金融緩和相場
景気回復に向けた
金融緩和実施により、
徐々に企業業績が回復に向かう
株式：○　債券：○
景気拡大相場
金融緩和実施により、
企業業績は回復し、
拡大に向かう
株式：○　債券：△
金融引き締め相場
景気過熱やインフレを防ぐため、
金融引締めの実施により
企業業績は減速
株式：△　債券：×
景気後退相場
金融引締めの実施により
企業業績は悪化
株式：×　債券：○
悪化
景気
拡大

ましたが、債券投資を始めるのに向くタイミングについては、景気循環からある程度予測することができます。次にそれについて説明します。

金融政策と景気の動きにはサイクルがある

図33をご覧ください。これは、一般的な金融政策と景気の動きを示したものです。

本書を執筆している2023年1月時点で、世界は右下の「金融引き締め相場」にあります。金融引き締め相場では、景気の過熱やインフレを防ぐために金融引き締めが実施されるため、企業業績は減速します。株式も債券も、投資には厳しい環境です。

金融引き締めにより企業業績が悪化すると、次に「景気後退相場」を迎える可能性が高くなります。すると、引き上げた金利をどこかで引き下げていくことになるでしょう。金利が下がれば債券価格は上昇しますから、景気後退相場では株式投資には厳しい環境である半面、債券投資にはよい環境になることが考えられます。

一般には、景気が後退した場合、景気回復に向けて金融緩和が実施されます。図33の左上の「金融緩和相場」になれば、徐々に企業業績が回復に向かい、株式も債券もよい投資環境を迎えることになるはずです。そして金融緩和によって企業業績が回復すると、次に「景気拡大相場」に移るというのが通常のサイクルです。

もちろん、今後の投資環境が実際にどのように変化するかを完全に予測することはできません。

しかしこの一般的なサイクルを前提とするならば、本書が発売される頃、債券に投資するのには非常によいタイミングであると言えそうです。

8 投資信託を選ぶときは「コスト」を重視する

資産管理のための投資の考え方について、だいぶつかめてきたでしょうか？

ここからは、実際に資産管理に活用する投資信託を選ぶうえで押さえておきたいポイントを2つ解説します。1つは、ファンド選びで重要な「コスト」について、もう1つは、「インデックスとアクティブの違い」についてです。

まず、投資信託のコストについて見ていきましょう。

投信には、3つのコストがかかる

先ほど67ページで投信には販売会社、運用会社、管理会社が関係するとご説明しましたが、投信を利用する際はこれらの会社に対して手数料を払う必要があります。主なコストとして押さえておきたいのは、「販売手数料（購入時手数料）」「信託報酬（運用管理費用）」「信託財産留保額」の3つです。

販売手数料は、投信を購入する際に販売会社に支払う手数料です。同じ投信でも、販売会社によって販売手数料が異なることもあるので注意が必要です。販売手数料は購入額の1～3％程度ですが、販売手数料が無料の「ノーロード」と呼ばれるものも数多くあります。販売手数料がかかると運用がマイナスからスタートすることになって不利なので、投信はできるだけノーロードのものを対象に選んだほうがよいでしょう。

信託報酬は、運用会社や販売会社、信託銀行に支払う手数料のことで、平たく言えば「運用にたずさわる人たちに毎年支払う手間賃」です。信託報酬は商品によって額が異なりますが、販売手数料と違って、同じ商品ならばどこの販売会社で購入しても金額は同じです。

信託財産留保額は、投信を解約する際に徴収される費用ですが、費用がかかる投信とかからない投信があります。

信託報酬は、将来の運用パフォーマンスの良し悪しを決める重要なポイント

3つのコストのうち、長期の運用成績に与える影響が非常に大きいのが信託報酬です。信託報酬は、投信を購入すると毎年運用益から自動的に引かれるため、「手数料がか

かっている」という意識を持ちにくいもの。しかし実は**この信託報酬こそ、将来の運用パフォーマンスの良し悪しを決める重要なポイント**なのです。

どれほど重要なのか、例を使って考えてみましょう。なお、一般に投資信託で「パフォーマンス」というとき、通常は信託報酬を差し引いたあとの運用実績をさしますが、ここでは話をわかりやすくするために「運用利回り」と「信託報酬」とを分けて考えます。

今、「運用利回り3・5％、信託報酬が0・5％」のAファンドと、「運用利回りが3・5％、信託報酬1・5％」のBファンドがあるとします。AファンドとBファンドは運用利回りだけ比べれば同じですが、信託報酬が毎年運用益から自動的に引かれるため、最終的に私たち投資家の手元に残るのは、Aファンドが「運用利回り3・5％－信託報酬0・5％＝3・0％」、Bファンドは「3・5％－1・5％＝2・0％」となります。つまり、Aファンドのほうが最終的なパフォーマンスが1・0％高くなるわけです。

この1・0％は、具体的にどれくらいの差を生むのでしょうか？

ここで皆さんに思い出していただきたいのが48ページで見た「複利運用」の考え方です。複利の考え方で運用すると、一見小さなパフォーマンスの違いが、長期では大きな差を生むことになるのでしたね。

実際、AファンドとBファンドに100万円を投資して30年間複利で運用したとする

図34 コストの違いでリターンが変わる

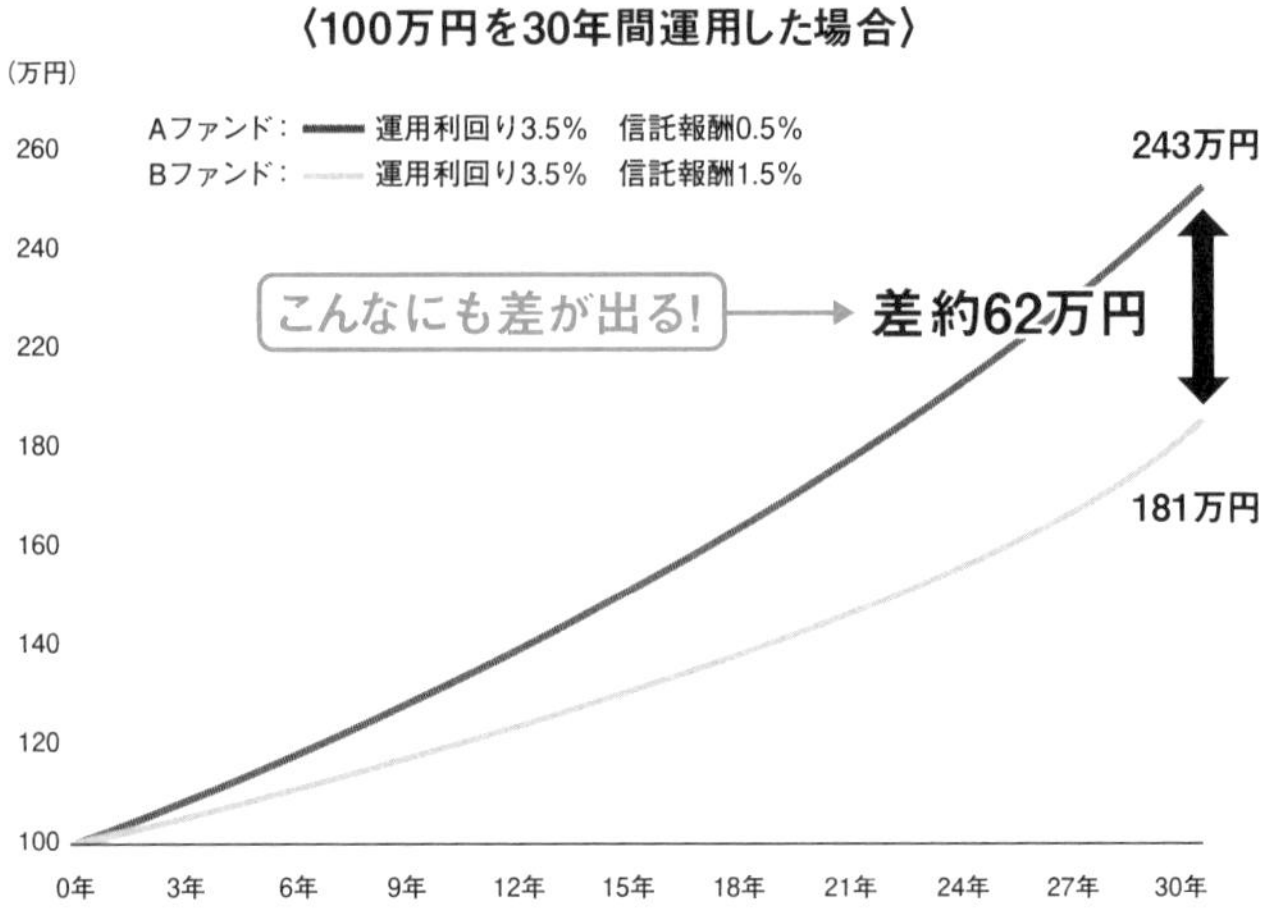

出所：著者作成

と、Aファンドでは資産額がおよそ243万円になるのに対し、Bファンドではおよそ181万円となり、62万円近くの差がついてしまうのです（図34）。

運用利回りはあらかじめ約束されたものではない一方、信託報酬は最初から決まっています。信託報酬の低いファンドを選ぶことは、パフォーマンスの向上に直結するのです。**ファンド選びでは、特に信託報酬をよく確認することが大切**です。

9 投資すべきファンドはインデックスか、アクティブか

投信は、運用方法に着目すると「インデックスファンド」と「アクティブファンド」の2つに分類できます。この分類は、投信を選ぶうえで非常に重要なポイントです。違いをよく見てみましょう（96ページ図35）。

インデックスファンドとは、日経平均株価や東証株価指数（TOPIX）といった指数（インデックス）をベンチマークとし、値動きが指数に連動するように運用する、非常にわかりやすい投信です。

たとえば、日経平均株価に連動するタイプの国内株式ファンドなら、日経平均株価を構成する225銘柄に投資するとイメージしてください。インデックスファンドを買うのは「市場全体」を保有することにほかならず、多くの銘柄に偏《かたよ》りなく分散投資できるのが特徴の1つと言えます。

指数にはさまざまなものがあり、たとえば株式なら日経平均株価やTOPIXなど日本の株式指数だけでなく、米国のNYダウやS&P500などの指数、中国株やインド株の指数はもちろん、「先進国株式」「新興国株式」や両方をひっくるめた「グローバル

図35 インデックスファンドとアクティブファンドの違い

	インデックスファンド	アクティブファンド
	指数に連動する	指数を上回るパフォーマンスを目指す
投資目標	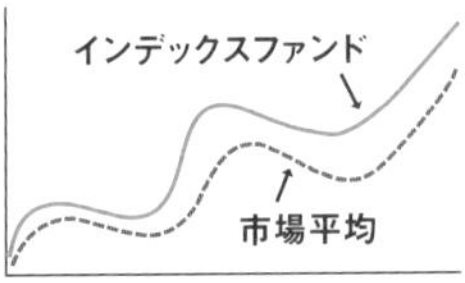	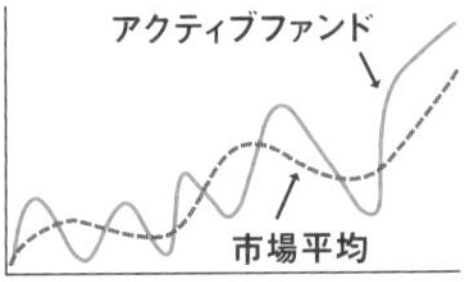
コスト	低い	高い
商品ごとの運用成績	あまり差がない	商品によって差がある

株式」の動きを示す指数もあります。

　当然、債券にもさまざまな指数があり、たとえば先ほど債券ファンドの一括投資と積み立て投資の例で取り上げた「ｅＭＡＸＩＳ Ｓｌｉｍ 先進国債券インデックス」は、日本を除く先進国の債券市場の値動きを示す「ＦＴＳＥ世界国債インデックス（除く日本、円換算ベース）」という指数に連動するファンドです。

　一般に、インデックスファンドは日々のインデックスに投信の値動きを合わせるようにプログラムされたシステムによって運用されるため、アナリストが銘柄を調査・分析したり、ファンドマネジャーが投資のタイミングを考えたりすることはありません。したがって、ファンドマネジャーの手腕によって運用成績が大きく左右されることはほとんどなく、「同じ指数に連動する商品なら運用成績は同じ」と考えて差し支えありません。

インデックスファンドは、組み入れ銘柄の選定のための調査などに手間をかける必要がありません。このため運用にかかるコストが低く、ノーロードの商品や信託報酬が低い商品が多いのも特徴の1つです。

運用には差がないので、商品選びはコストをチェックするのが最も重要なポイントとなります。

アクティブファンドはコストに加え、運用方針や運用成績などをチェックする

一方、アクティブファンドとは、インデックスを上回る運用成績を目指して運用されるものを言います。ファンドマネジャーやアナリストをはじめとする多くの人が、銘柄

選定や投資のタイミングに日々の時間を費やしており、運用成績は運用方針やファンドマネジャーの手腕しだいで大きく変わります。このため、同じような運用方針に見える日本株ファンドでも、商品によって運用成績には大きな差がつきます。

アクティブファンドを選ぶ場合は、コストだけでなく、ファンドの運用方針や過去の運用成績などをさまざまな観点でチェックする必要があります。運用会社やファンドマネジャーを慎重に選ばなければならないという点では、アクティブファンドは手間がかかると言えるでしょう。

アクティブファンドは、ハイリスク・ハイリターンの運用になりやすい

またアクティブファンドは、インデックスファンドに比べて組み入れ銘柄数が少ない傾向にあり、数十銘柄程度の銘柄数で運用する場合もあります。銘柄数が少ない集中投資では、「値上がりするときは値上がり率も高いが、下がるときは大きく下落する」、つまりハイリスク・ハイリターンの運用になりやすいのも知っておきたいポイントです。

なお、アクティブファンドはファンドマネジャーによる企業調査など運用に手間がか

図36　日本株アクティブファンドの勝率

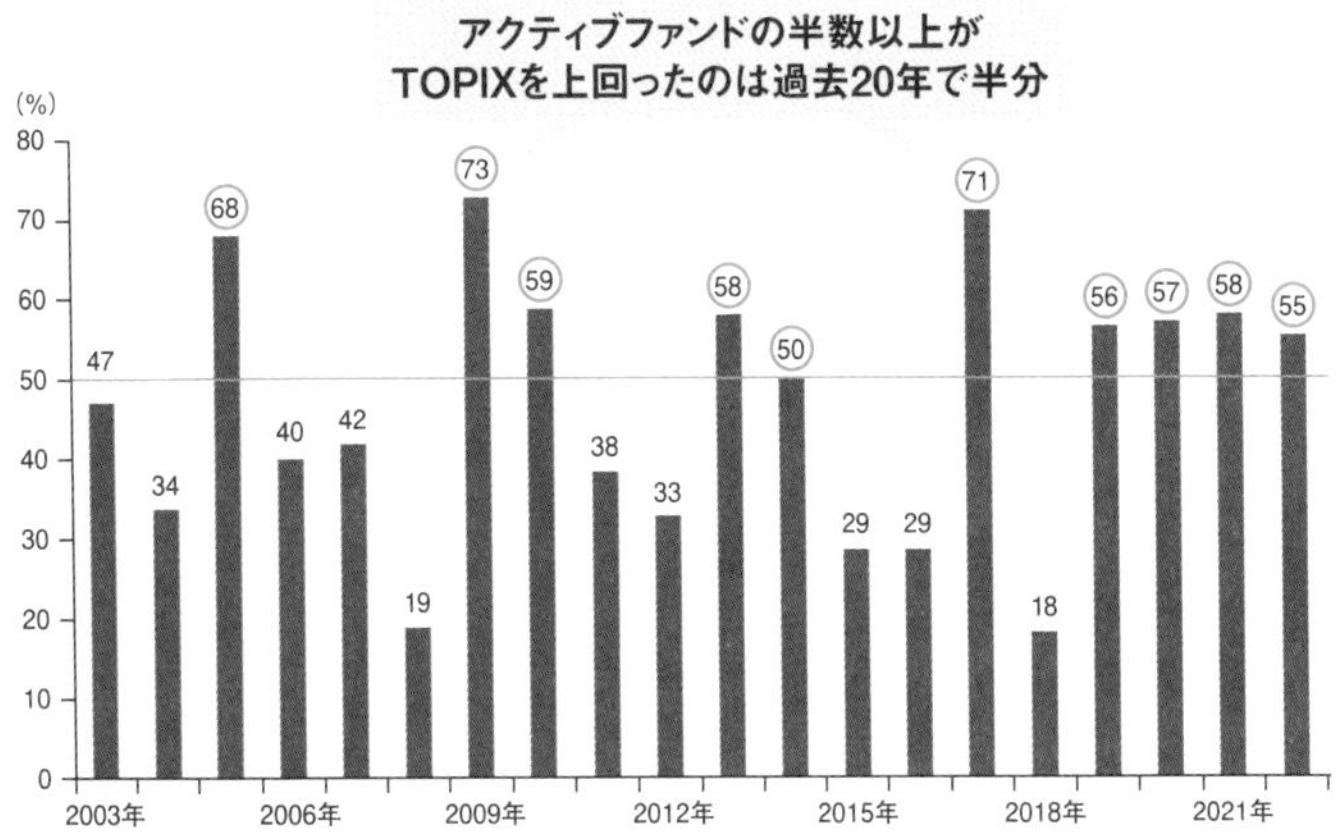

※ 国内公募追加型株式投信（確定拠出年金及びファンドラップ専用ファンド含む）
※ 2022年11月末時点でモーニングスターカテゴリー「大型グロース」、「大型ブレンド」、「大型バリュー」に属するアクティブファンド
※ ベンチマークは「TOPIX（配当込み）」
※ 期間：2003年～2022年（年次、2022年のみ11月末時点）
出所：著者作成

かるため、コストはインデックスファンドに比べて高くなりがちなのも特徴と言えます。

インデックスファンドとアクティブファンドの特徴を知ると、「運用のプロがインデックスを上回る運用成績を目指すなら、アクティブファンドのほうが儲かるのではないか」と考える人が多いかもしれません。

しかし、プロが運用するからといって高い運用成績が期待できるとは限りません。それどころか、実はアクティブファンドはインデックスファンドに勝てていないものが多いのです。

図36は、日本株で運用されているアクティブファンドについて、ＴＯＰＩ

Xを上回る運用成績を上げたものがどれくらいあったかを調べたデータです。毎年のデータを見ると、過去20年間でアクティブファンドの半数以上がTOPIXを上回ったのは半分の10年だけだったことがわかります。

アクティブファンドの中には、高いパフォーマンスを出し続けているものもあります。しかし優れたアクティブファンドは多いとは言えませんから、投資する場合は厳選する必要があるでしょう。

資産管理のベースはインデックスファンドがいい

私は、**資産管理のベースはインデックスファンドを活用すべき**だと考えています。インデックスファンドは「コストを抑えた運用ができる」「市場全体を保有するので多くの銘柄に分散投資ができる」「優秀なアクティブファンドを探す手間と時間が省ける」というメリットがあるからです。投資初心者の方をはじめ、幅広い人にベストな選択肢と言っていいでしょう。

一方で、6000本近いファンドの中には、非常に高いパフォーマンスを上げている優れたアクティブファンドもあります。

「工夫して投資することで、少しでもパフォーマンスを上げたい」「投資そのものを楽しみたい」といった方、特に資産形成層で投資資金に余裕がある方や、資産活用層で投資先の分散にこだわりたい方であれば、資産管理の一部にこうしたアクティブファンドを取り入れるのも、1つの方法ではないかと思います。

そこで第4章では、まずインデックスファンドを活用した基本的な資産管理の方法をお伝えします。できるだけ手間をかけずに資産管理をしたい方は、インデックスファンドのみで運用してよいでしょう。

それに加えて、私が資産管理に活用できると評価した9本のアクティブファンドをご紹介したうえで具体的な活用例をお伝えします。アクティブファンドへの投資にも関心がある方は、ぜひ参考にしてみてください。

第4章

お金を守り増やすための資産管理法

1 資産形成層と資産活用層の「お金の色分け」

それではいよいよ、お金を守り増やすための具体的な資産管理の方法をご紹介していきましょう。

最初に、第2章でご説明したことを簡単に復習しておきたいと思います。

私がご提案したいのは、お金を「安定運用」と「積極運用」の2つに色分けし、安定運用する分は債券ファンドを、積極運用する分は株式ファンドを使いながら運用していく方法です。

資産形成層の人は、将来に向けて積極的に増やす割合を高くする

20～50代などの資産形成層の方は、お金をしっかり増やしていく必要がありますから、将来に向けて積極的に増やす割合を高くします。

とはいえ長く働き続ける間には、体を壊す、仕事をやめるといった不測の事態が起きる可能性もあります。とっさに使えるお金は安定運用すべきです。「色分け」のイメージは56ページの**図21**をもう一度確認してください。

資産活用層の人は、長生きリスクに備えて資産の一部を「積極運用」する

もう一方の資産活用層の方には、貯めてきたお金や退職金などのまとまった老後資金があるでしょう。日々の生活は、年金収入を得ながら不足する分を老後資金の取り崩しで補っているのではないかと思います。

資金の多くは「安定運用」に回して、物価の高騰や円安に負けないようにしながら使っていくことになりますが、それだけではなく、長生きリスクへの備えも視野に入れて資産の一部を「積極運用」していくこともお勧めしたいと思います。

「色分け」のイメージは58ページの**図22**を確認してください。

2

資産形成層の「安定運用」と「積極運用」のお金の分け方

「色分け」のイメージを思い出していただいたところで、ここからはより具体的に、収入や資産額に応じた資産管理プランを見ていきます。

まず、資産形成層の方の場合を見ていきましょう。図37をご覧ください。

資産形成層の方は、収入の一部を株式ファンドの積み立て投資に回して積極運用していきますが、積み立て額(年間)は、手取り年収の7～8％を目安とするとよいでしょう。

たとえば、額面年収400万円で手取り年収が320万円ほどの場合、毎月2万円を積み立てると、年間投資額は24万円になります。

額面年収500万円・手取り年収390万円ほどの場合は、毎月3万円（年間36万円）。

額面年収700万円・手取り年収530万円ほどの場合は、毎月3・5万円（年間42万円）。

額面年収1000万円・手取り年収730万円ほどの場合は、毎月5万円（年間60万円）です。

図37　「資産形成層」の所得と金融資産の「お金の色分け」

年収（概算手取り額）	金融資産額		積極運用（世界株式ファンドの積み立て） 毎月の積立額（年間投資額〈手取り収入の7〜8％程度〉）		預金（手取り収入の3カ月分程度）		安定運用（世界債券ファンドの一括投資）
400万円（320万円）	200万円	➡	2万円（24万円）	＋	80万円	＋	120万円
500万円（390万円）	300万円	➡	3万円（36万円）	＋	100万円	＋	200万円
700万円（530万円）	400万円	➡	3.5万円（42万円）	＋	150万円	＋	250万円
1000万円（730万円）	500万円	➡	5万円（60万円）	＋	200万円	＋	300万円

毎月の定時定額（積み立て）投資を設定

保有している預金などの金融資産については、一部は不測の事態に備えて、すぐ使えるよう預金に置いておくほうが安心ですが、それ以外の分は資産を守るために債券ファンドで運用するのがお勧めです。

預金は「手取り収入3カ月分」程度を目安にする

「不測の事態に備える分」をどれくらいの金額とするかは、何かあったときに頼れる人が身近にいるかどうかなど、それぞれの方が置かれている状況によっても異なるでしょう。

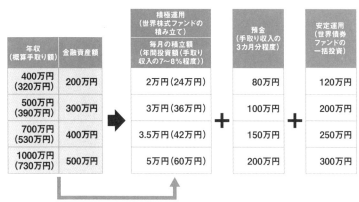

一般には「手取り収入の3カ月分」や「手取り収入の半年分」などを目安とするように勧められることが多いようです。預金に置いておくとインフレで実質的な価値が目減りするリスクがあることを考えれば、預金にあまり多くのお金を置いておくべきではありませんから、「手取り収入3カ月分」程度を目安にするのがよいのではないかと思います。

たとえば、手取りの年収が320万円（1カ月あたり26万円程度）ほどの場合、預金として持っておくのは80万円程度とします。もしいま、あなたの預金が200万円ほどあるとすれば、80万円を預金に残し、120万円ほどは債券ファンドへの投資に回すということです（図37の金融資産を参照）。

同様に、手取りの年収が390万円ほどの場合、預金として持っておくのは100万円程度とし、もし預金が300万円ほどあるとすれば、200万円ほどは債券ファンドへの投資に回しましょう。

手取り年収が530万円ほどの場合は、預金として持つのは150万円程度で、いまのあなたの預金が400万円ほどあるとすれば、250万円ほどは債券ファンドに回します。

手取り年収が730万円ほどの場合は、預金として持つのは200万円程度とし、預金が５００万円ほどあるとすれば、３００万円ほどは債券ファンドに回します。

少し説明が長くなりましたが、実際にやるべきことは、**「①預金口座に手取り収入の３カ月分を残し、その他のお金は債券ファンドに移す」「②預金口座から毎月一定額を、株式ファンドに積み立て投資する設定を行う」**の２つだけです。

3

資産活用層の「安定運用」と「積極運用」のお金の分け方

次に、資産活用層の方の場合を見ていきましょう。図38をご覧ください。

基本的には、金融資産額にかかわらず「保有している金融資産の20%を預金に置いておき、80%を債券ファンドに回す」「預金+年金収入の中から、金融資産の0・5%相当額を株式ファンドの積み立て投資に回して積極運用する」のが資産管理法のベースになります。

たとえば、今あなたは1000万円の金融資産を持っているとします。この場合、200万円（金融資産の20%）は「使うお金」として預金口座に置いておき、残りの800万円（金融資産の80%）は債券ファンドに一括投資します。

そしてあなたの預金口座には、金融資産から取り崩していく「使うお金」と年金収入が入ることになります。積極的な運用をする分は、この預金口座から毎月一定額を株式ファンドの積み立てにあてていきましょう。

1000万円の金融資産がある人は、その0・5%、つまり5万円が月々の積み立て

図38　「資産活用層」の金融資産の「お金の色分け」

金融資産額	安定運用 預金	安定運用 先進国債券ファンドの一括投資	積極運用（積み立て） 世界株式ファンド	
100%	20%	80%	金融資産の0.5%	12カ月
1000万円	200万円	800万円	5万円	60万円
2000万円	400万円	1600万円	10万円	120万円
3000万円	600万円	2400万円	15万円	180万円

適宜ファンドを売却して預金に移行

預金から定時定額（積み立て）投資に振り向ける

額になります。1年間で60万円を積極運用に回すわけです。

　２０００万円の金融資産がある人は、４００万円（金融資産の20％）を預金口座に置いておき、１６００万円は債券ファンドに回します。そのうえで、預金口座から毎月10万円（年間１２０万円）を株式ファンドに積み立て投資します。

　３０００万円の金融資産がある人は、６００万円（金融資産の20％）を預金口座に置いておき、２４００万円は債券ファンドに回します。そのうえで、預金口座から毎月15万円（年間１８０万円）を株式ファンドに積み立て投資します。

預金口座の「使うお金」が不足しそうになったら、随時、債券ファンドを売却して預金口座に移しましょう。

このように金融資産を分けて管理すれば、使う時期が来るまでの間、老後資金の価値が目減りしないように安定運用することができますし、長生きリスクに備えた長期的な積極運用も可能になります。

一見、面倒そうに思えるかもしれませんが、実際にやることは「①預金口座から債券ファンドに8割のお金を移す」「②預金口座から毎月一定額を、株式ファンドに積み立て投資する設定を行う」の2つだけです。

4 お勧めの債券ファンドは、これ！

資産管理の基本方針が決まったところで、具体的に「安定的に運用する債券ファンド」と「積極的に運用する株式ファンド」を選びましょう。投資信託が6000本近くもあると聞くと「選ぶのが大変そうだ」と思われるかもしれませんが、どうぞご安心ください。それぞれ1本ずつ、私がお勧めのファンドをご紹介します。

先にご説明したように、**資産管理のベースとして利用するのはインデックスファンド**が向いています。基本的には、幅広く世界に分散投資できる指数に連動するファンドの中から、コストが低いものを選びます。また長期で運用していくことを考えると、ファンドが運用をやめて資金を投資家に返還する「償還日」を確認し、運用期間を十分にとれるかどうかはチェックすべきでしょう。

なお、世界の株や債券に投資するファンドには「為替ヘッジなし」と「為替ヘッジあり」のタイプがあります。「為替ヘッジ」とは、為替レートの変動の影響を抑えることです。

為替レート変動の影響を抑えるには先物取引などの手法を使うため、「為替ヘッジコスト」がかかります。「為替ヘッジあり」はこのコストの分だけリターンが低下します。また先にご説明したように、資産価値の保全を考えるのであれば通貨の分散を図ることも重要です。このため本書では、コストがかからず通貨を分散できる「為替ヘッジなし」を基本とします。

おすすめは、eMAXIS Slim 先進国債券インデックス

このような観点から債券ファンドでお勧めするのは、先にも登場した「eMAXIS Slim 先進国債券インデックス」（三菱UFJ国際投信）です。このファンドは信託報酬が年0・15％で、**世界の債券に投資するインデックスファンドの中では最安の水準**となっています。償還日は「無期限」となっており、運用期間の心配は不要です。

「eMAXIS Slim 先進国債券インデックス」がどのようなファンドなのか、中身を少し詳しく見てみましょう。

このファンドは「FTSE世界国債インデックス（除く日本、円換算ベース）」という指数に連動する投信で、日本を除く世界主要各国の公社債に投資します。日本については、安定運用する分はすでに日本円の預金に置いていますから、債券ファンドは「日

図39　eMAXIS Slim 先進国債券インデックスのポートフォリオ

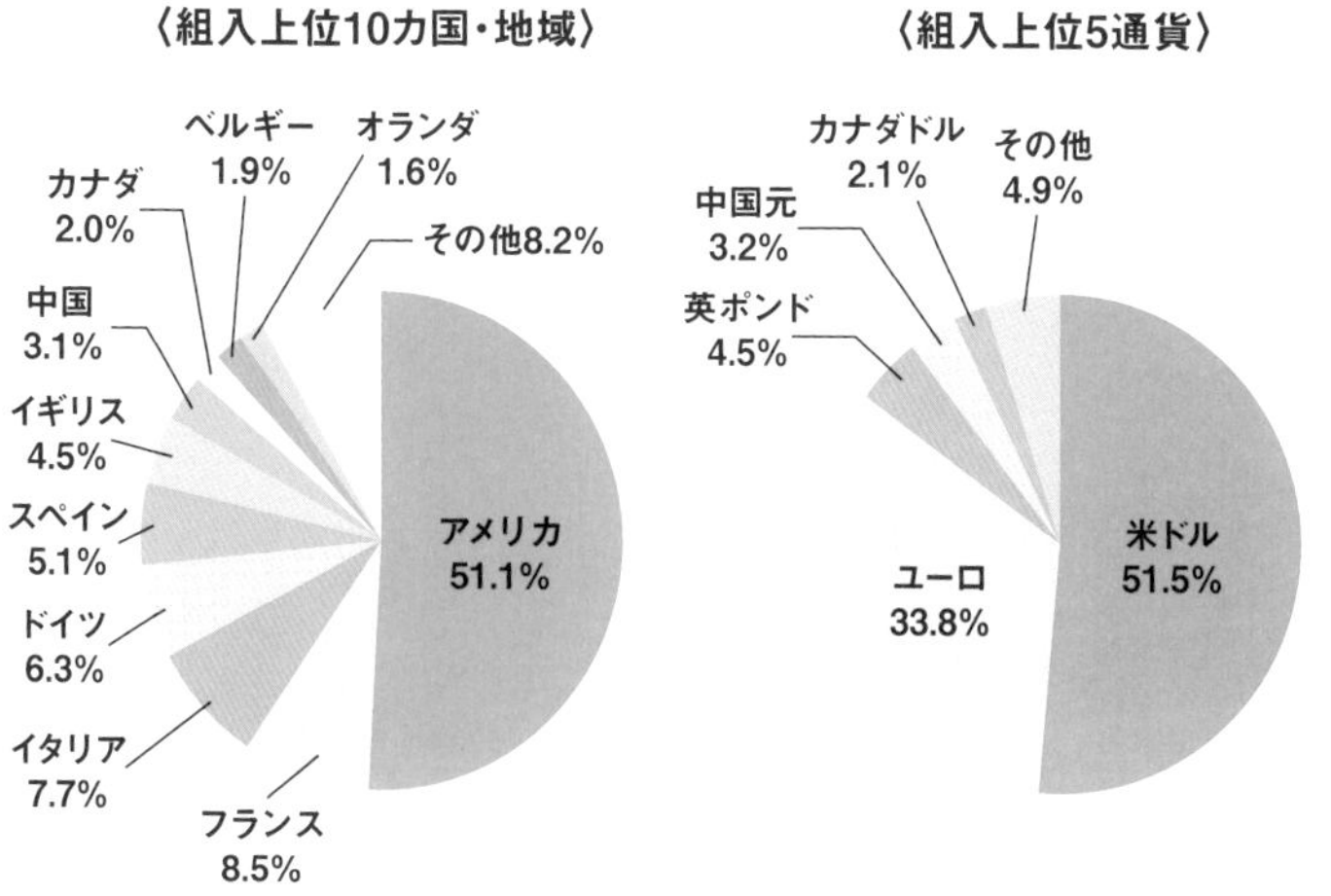

※データは2022年10月末現在

本を除く」インデックスに連動するものが望ましいでしょう。

「eMAXIS Slim 先進国債券インデックス」の構成は、図39をご覧ください。

組み入れ上位の国・地域を見ると、アメリカが51・1%、フランスが8・5%、イタリアが7・7%、ドイツが6・3%、スペインが5・1%、イギリスが4・5%、中国が3・1%、カナダが2・0%、ベルギーが1・9%、オランダが1・6%となっています。このような国々の国債や公社債を中心に投資をしていくファンドであることがわかります。

また組入上位5通貨を見ると、米ド

ルが51・5％、ユーロが33・8％、英ポンドが4・5％、中国元が3・2％、カナダドルが2・1％、その他が4・9％です。通貨に関して言えば、現在は米ドル一強という状況ですが、今後はユーロが強くなるかもしれませんし、中国元が強くなることも十分に考えられるでしょう。そのようなさまざまな可能性に対して、1本のファンドにお金を移しておくだけでこれだけの通貨を分散して持てるわけです。

「eMAXIS Slim 先進国債券インデックス」のこれまでの運用実績を確認しておきましょう。図40をご覧ください。

運用開始から2022年10月末時点では、過去1年のトータルリターンが2・57％、過去3年のトータルリターンが年率4・10％、過去5年のトータルリターンが年率2・88％となっています。

「カテゴリー平均」というのは、同じように先進国債券で運用する他のファンドが同期間に平均どれくらいのリターンを上げたかを示すものなのですが、1年、3年、5年の実績を見ると「eMAXIS Slim 先進国債券インデックス」がカテゴリー平均を上回る成果を上げていることがわかるでしょう。

トータルリターンが年率で2〜4％台というのは、それほど大きなパフォーマンスとは言えませんが、「インフレに負けないように安定運用する」という目的に対しては十

図40　eMAXIS Slim 先進国債券インデックスの過去のリターンと最大下落率

	年	1年	3年（年率）	5年（年率）
リターン	**トータルリターン**	**2.57%**	**4.10%**	**2.88%**
	カテゴリー平均	1.70%	3.68%	2.28%
	+/- カテゴリー	+0.87%	+0.42%	+0.60%

最大下落率（設定来）	1ヵ月間 2018年5月	3カ月間 2018年1月～2018年3月	6カ月間 2017年12月～2018年5月	1年間 2018年1月～2018年12月
	−2.59%	**−4.36%**	**−4.56%**	**−3.67%**

※2022年10月末時点

分でしょう。

なお、「このファンドにまとまった資金を入れて大丈夫なのか」「値下がりするとしたらどれくらいか」といった点も気になるのではないかと思いますので、この点についても過去の実績を見てみましょう。

設定来の最大下落率を見ると、1カ月間の間にマイナス2・59％、3カ月間の間にマイナス4・36％、6カ月間の間にマイナス4・56％、1年間の間にマイナス3・67％、下落したタイミングがあったことがわかります。値動きのある金融商品ですから一時的にマイナスになることはありえますが、それでも下落率は2〜4％程度にとど

図41 先進国債券ファンドの投資候補

・日本を除く世界主要各国の公社債に投資
・為替は原則ヘッジしない

ファンド名	eMAXIS Slim 先進国債券インデックス	ニッセイ外国債券 インデックスファンド	ダイワつみたて インデックス外国債券
運用会社名	三菱UFJ国際投信	ニッセイアセット マネジメント	大和アセット マネジメント
ベンチマーク	FTSE世界国債インデックス（除く日本、円換算ベース）		
純資産 （百万円）	55,782	21,770	4,251
信託報酬等 （税込）	0.15%	0.15%	0.15%
償還日	無期限	無期限	無期限

※純資産は2022年11月15日現在

まっていますから、資産が大きく減少するような事態を心配する必要はないといっていいでしょう。

なお、お勧めの1本として「eMAXIS Slim 先進国債券インデックス」をご紹介しましたが、運用の中身が同じで信託報酬も同水準のファンドがほかに2本あります。「ニッセイ外国債券インデックスファンド」（ニッセイアセットマネジメント）と、「ダイワつみたてインデックス外国債券」（大和アセットマネジメント）です（図41）。これら3本はどれを選択しても構いませんから、投資信託口座を持つ銀行や証券会社で取り扱っているものを選べばよいでしょう。

5 お勧めの株式ファンドは、これ！

同様に、株式ファンドでもお勧めの1本をご紹介しましょう。

株式ファンドは、世界中の企業に分散して投資するインデックスファンドを選びます。

先にも少し触れましたが、世界の国々は絶えず経済が成長するよう努力を重ねており、これまでの歴史を振り返れば、大きな山や深い谷も経験しながら着実に経済成長を遂げてきました。

120ページ図42は、1980～2022年の、世界の名目GDP（国内総生産）と世界の株式時価総額の推移を示したものです。GDPとは「一定の期間に、その国がどれくらい価値のある物やサービスを生み出したか」を示す数字で、「経済規模を表す金額」と考えるとわかりやすいでしょう。

データからは、世界全体のGDPが基本的に右肩上がりに成長を続けていることが見て取れます。そしてこの間の世界の株式の時価総額を見ると、1980年に2・5兆ドルだったものが、2022年には97・6兆ドルへと大きく上昇していることがわかります。

図42 世界の名目GDPと世界の株式時価総額の推移

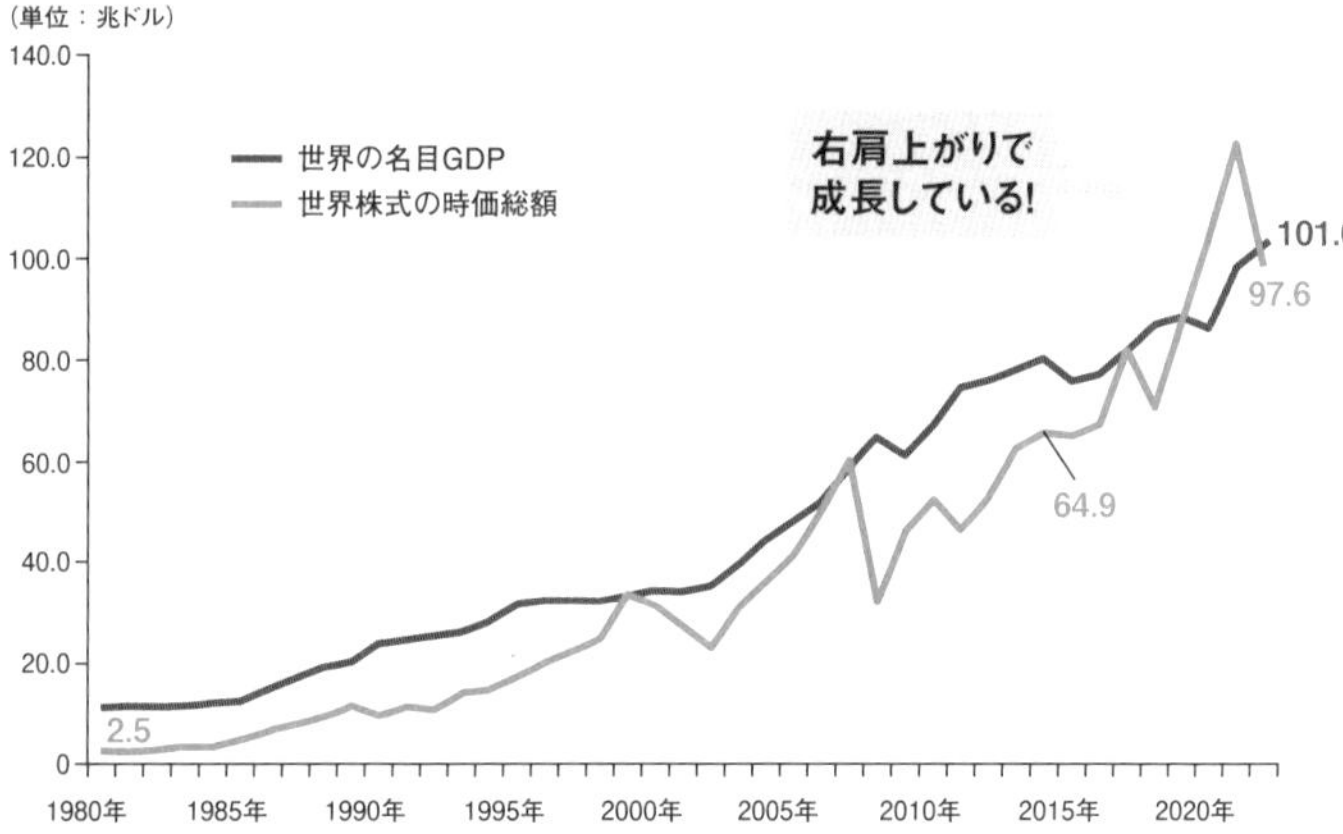

※ 期間：1980年～2022年（年次）
※ 世界のGDPの2022年はIMF予想：1990年1月～2022年12月（月次、ただし2022年は日次）
※ 世界の時価総額は2002年までは世界銀行、2003年以降は世界取引所時価総額
出所：GDP：IMF「World Economic Outlook Database（October 2022）」より、
時価総額：世界銀行統計及び世界取引所時価総額より著者作成

つまり世界の経済規模の成長に伴い、世界の株式市場も規模を拡大させてきたわけです。

もちろん、経済の成長は一時的に停滞することがあります。また、国や地域によっても成長の速度は異なり、ときにはマイナス成長に陥る国があることも間違いありません。

しかし各国が努力し続けている以上、世界全体では長い目で見れば経済成長が続くと考えるのが自然ではないかと思います。その成長に乗り、世界中の企業の株式に投資することが、積極的にお金を増やしていくための「王道」といえる方法なのです。

日本を含む世界主要各国の株式に分散投資するインデックスファンド　SBI・全世界株式インデックス・ファンド「愛称：雪だるま（全世界株式）」

世界の企業に分散して投資するインデックスファンドとしてお勧めする1本は、「SBI・全世界株式インデックス・ファンド『愛称：雪だるま（全世界株式）』」（SBIアセットマネジメント）です。

このファンドは、日本を含む世界主要各国の株式に投資するファンドで、全世界の株式市場の値動きを示す「FTSEグローバル・オールキャップ・インデックス」という指数に連動します。

「雪だるま」は、全世界の株式に投資するインデックスファンドの中でも信託報酬が最安水準で、年0・11％と非常に低コストで運用することができます。「米国」「米国を除く先進国」「新興国」の株式に投資する3本のETF（上場投資信託）を組み合わせているのが特徴で、コストを抑えて幅広く先進国企業、新興国企業、そして日本企業にもまとめて投資できる1本です。

図43　SBI・全世界株式インデックス・ファンドのポートフォリオ

・日本を含む世界主要各国の株式に投資
（米国、米国除く先進国、新興国の3本のコストの低いETFに投資）
・ベンチマークは、「FTSEグローバル・オールキャップ・インデックス」
・為替は原則ヘッジなし

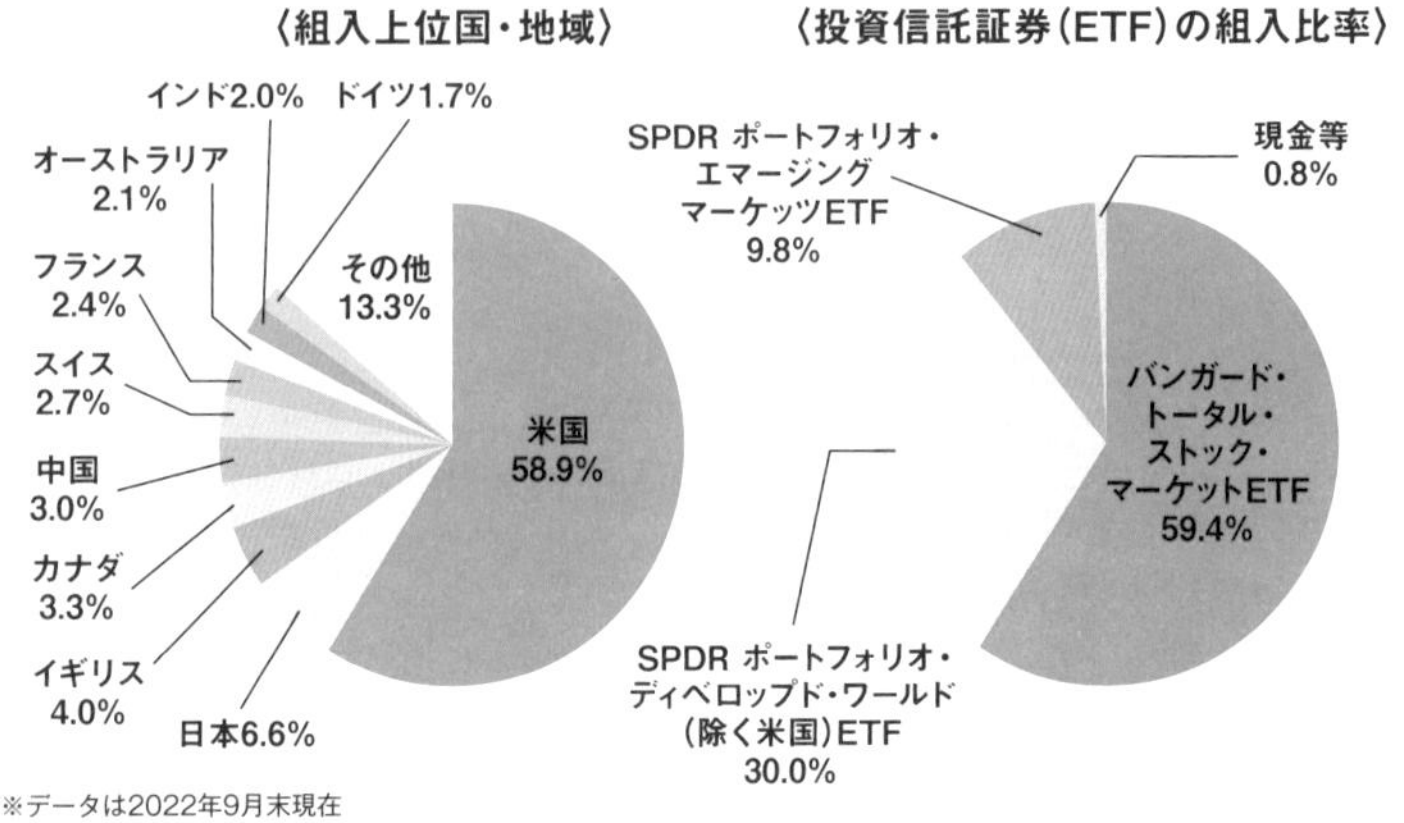

※データは2022年9月末現在

もちろん償還日は「無期限」ですから、長きにわたって運用できるファンドだと考えて差し支えありません。

アップル、マイクロソフトなど有名企業から小型株まで幅広く組み入れられているのが特徴

「雪だるま」の構成を見てみましょう。図43は、「雪だるま」の「組入上位国・地域」と「ETFの組入比率」を示したものです。

国・地域別で大きな割合を占めているのはアメリカで、58・9%。その次が日本で6・6%、イギリス4・0%、

というように続きます。アメリカの株式市場の規模は世界の中でもかなり大きいため、規模に応じて割合を決めるとこのような構成になるわけです。

「雪だるま」は、大型株から超小型株まで幅広い米国株で運用する「バンガード・トータル・ストック・マーケットETF」、米国を除く先進国の株で運用する「SPDR ポートフォリオ・ディベロップド・ワールド（除く米国）ETF」、新興国の株で運用する「SPDR ポートフォリオ・エマージングマーケッツETF」という3本のETFを組み合わせており、構成銘柄数は9000近くにものぼります。

アップルやマイクロソフトといった有名企業だけでなく、一般には名前が知られていない小型株まで幅広く組み入れられているのが特徴で、特に小型株を組み入れている点は今後の成長が期待できるという意味で魅力的ではないかと思います。

お勧めのもう1本 eMAXIS Slim 全世界株式（オール・カントリー）

なお、お勧めの1本として「雪だるま」をご紹介しましたが、世界の株式に投資する

図44 全世界株式ファンドの投資候補

ファンド名	SBI・全世界株式 インデックス・ファンド 「愛称：雪だるま(全世界株式)」	eMAXIS Slim 全世界株式 (オール・カントリー)
運用会社名	SBIアセットマネジメント	三菱UFJ国際投信
ベンチマーク	FTSE グローバル・ オールキャップ・インデックス (円換算ベース) 構成銘柄：約9,000(小型株含む)	MSCI オール・カントリー・ ワールド・インデックス (配当込み、円換算ベース) 構成銘柄：約3,000
純資産 (百万円)	79,128	755,238
信託報酬等 (税込)	0.11%	0.11%
償還日	無期限	無期限

※純資産は2022年11月15日現在

ファンドの候補は他にもあります。**「eMAXIS Slim 全世界株式(オール・カントリー)」(三菱UFJ国際投信)**です(図44)。

「雪だるま」と「eMAXIS Slim 全世界株式(オール・カントリー)」は、どちらも信託報酬が0.11%と非常に低く、償還日も「無期限」です。2つのファンドの違いは、連動するインデックスにあります。

「eMAXIS Slim 全世界株式(オール・カントリー)」は、「MSCI オール・カントリー・ワールド・インデックス(配当込み、円換算ベース)」というインデックスに連動するファンドで、日本を含む先進国と新興

図45　eMAXIS Slim 全世界株式（オール・カントリー）のポートフォリオ

・日本を含む世界主要各国の株式に投資
・ベンチマークは、「MSCI オール・カントリー・ワールド・インデックス」
・為替は原則ヘッジなし

〈組入上位国・地域〉

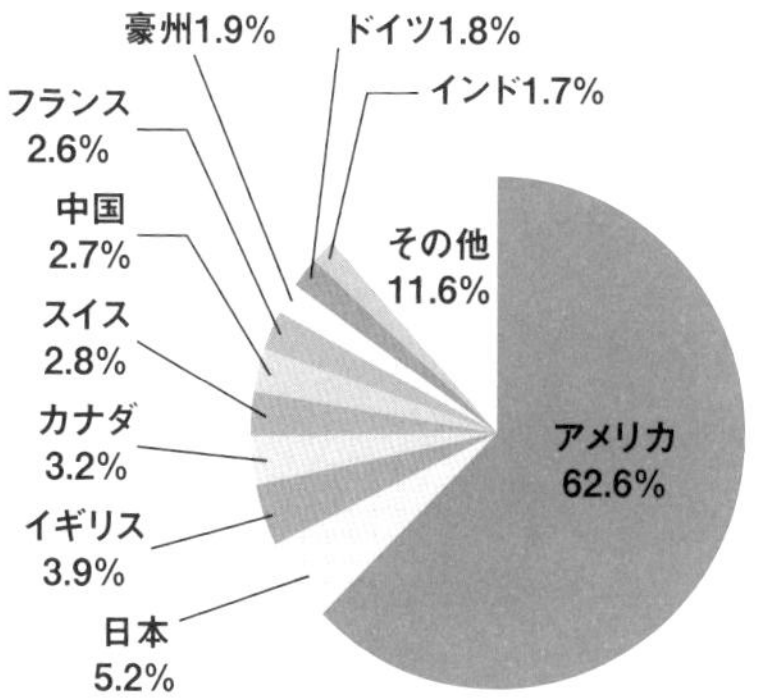

※データは2022年10月末現在
ポートフォリオは、ベンチマークのMSCI ACWI（オール・カントリー・ワールド・インデックス）

国の株式に投資します。構成銘柄は約3000なので、「雪だるま」に比べると組入銘柄数は少ないと言えます。組入銘柄上位国・地域のグラフ（図45）を見ると、アメリカが62・6%と高めになっています。

実際のパフォーマンスは「雪だるま」とあまり変わりませんので、「小型株が含まれているほうが成長に期待できそう」「超究極の分散投資をするなら、3000銘柄より9000銘柄がいい」というような好みによって、いずれかを選べばよいでしょう。

6

積極運用するポートフォリオをアクティブファンドで構築する

ここまでにご紹介した資産管理法は非常にシンプルで、どんな方にも活用いただけるものです。

しかし読者の皆さんの中には、「せっかくならもう少し投資を楽しみたい」「アクティブファンドへの投資にもチャレンジしてみたい」という方もいらっしゃるでしょう。優れたパフォーマンスを上げているアクティブファンドを組み合わせて運用するのは面白いものですし、実際、私もインデックスファンドでの運用をベースにしながらアクティブファンドを組み合わせて自分のお金を運用しています。

そこで、ここからは「こだわりたい方」に向け、ポートフォリオに組み入れてもよいと評価できる9本のアクティブファンドを紹介し、具体的なポートフォリオ構築法までお伝えしたいと思います。

これからの成長が期待できる中小型株や新興国へ投資する

ちなみに、アクティブファンドを組み入れるだけのメリットが期待できるのは株式ファンドです。アクティブ運用の株式ファンドを活用すれば、これから成長が期待できる中小型株や新興国への投資割合を高めるといった工夫ができますし、実際に小型株ファンドや新興国ファンドの中にはパフォーマンスが良好なものが見られるからです。

一方、債券ファンドについては、アクティブファンドを組み入れるメリットは薄いと言えます。もともと債券ファンドはリスク・リターンが相対的に低いという特徴があり、信託報酬がどうしても高くなるアクティブファンドでは、コスト控除後のパフォーマンスは上げづらいからです。債券ファンドについては、コストを抑えられるインデックスファンド一択でよいでしょう。

7 アクティブファンド選びのポイント

アクティブファンドを選ぶチェックポイントは複数ありますが、最初に見たいのは「過去の運用実績」です。

過去の運用実績をチェックする際に前提として知っておきたいのは、「何と比べるか」が重要なことです。テストの点数にたとえれば、同じ「80点」でもクラスの平均点が50点ならよい成績といえますが、平均点が90点ならよい成績とは言えません。

投信の場合、投資対象となる資産や地域などの観点から内容が似ているものどうしを比べる必要があります。このため、アクティブファンドのリターン等を見る場合、同じカテゴリーに分類されているファンドの平均と比較することになります。

運用実績の数字を見る際は、必ず5年、10年といった長期の「トータルリターン（収益分配と値上がり益から計算した年利回り）」を確認します。リターンが安定しているかどうかは、過去の運用期間が長ければ長いほど正確に判断できるからです。

また、運用実績を評価する際には、リターンだけでなくリスクもよくチェックすることが大切です。

簡単な例で考えてみましょう。去年と今年の利回りが、2年連続で20％のAファンドと、5％の利回りにとどまっているBファンドがあるとしましょう。おそらくこの数字だけ見ると、「Aファンドのほうが優れている」と思う方が多いのではないかと思います。

しかし、もう少しさかのぼって過去3年の利回りを調べてみたところ、Aファンドが5％、5％、マイナス25％だったのに対し、Bファンドは3年連続で5％だったとしたらどうでしょうか。Bファンドは、5年間変わることなく毎年5％の利回りを上げています。一方Aファンドは、その年によって利回りに大きなバラツキがあるうえ、5年前にいたってはマイナス25％です（130ページ**図46**）。

先に、リスクとは価格やパフォーマンスのブレのことをさすと説明しました。そのことをふまえて2本のファンドを見比べると、毎年安定的に5％のリターンを上げているBファンドのほうがリスクが低いことがわかるでしょう。

標準偏差の数値が大きいほど、リターンのブレも大きい

リスクの大きさを示す指標に「**標準偏差**」があります。これは、実際に上がったいく

図46 どちらがよいファンドなのか？

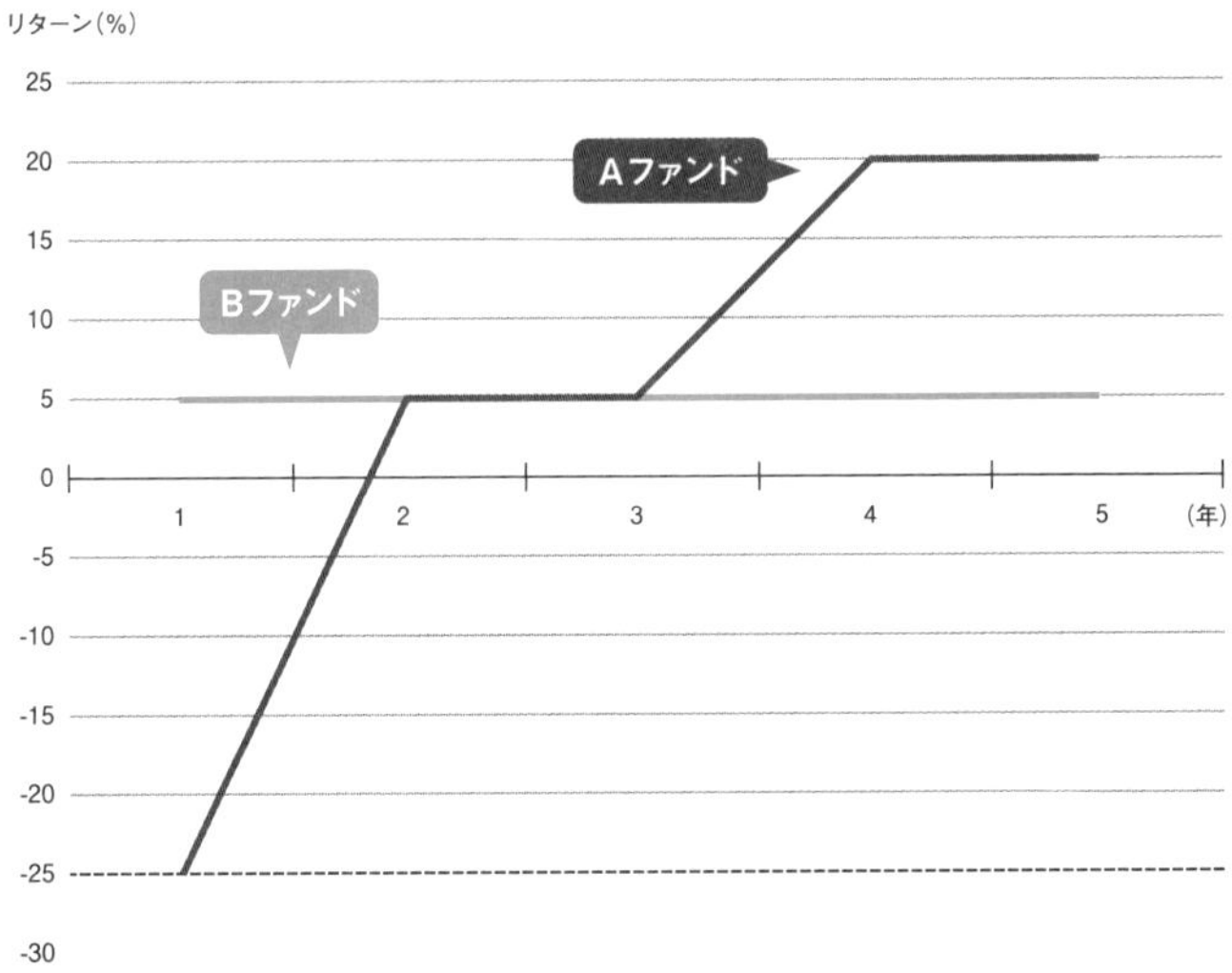

リターン（%）

	1年目	2年目	3年目	4年目	5年目	5年平均
Aファンド	−25	5	5	20	20	5
Bファンド	5	5	5	5	5	5

つかのリターンの値を平均して、その平均リターンと個々のリターンの間にどれだけブレがあったかを表すものです。**標準偏差の数値が大きいほど、リターンのブレも大きい**ことになります。ブレが小さく、長期間にわたって安定的なリターンを上げていることが、よい投信の条件の1つと言えます。

投信選びの原則は、**「リターンが同じならリスクが低いほうを選び、リスクが同じならリターンが高いほうを選ぶ」**ということです。たとえば、年間8％のリターンを上げる投信が2つあって、一方のリスクが10％、もう片方のリスクが8％だったら、後者を選んだほうがよいわけです。しかし実際は、そう簡単にはいきません。比較したい投信のリスクとリターンの数字がまちまちだからです。

そこで複数の投信を比較しやすくするために、リターンの数字をリスクの数字で割った**「シャープレシオ」**という数字を確認します。シャープレシオは、その投信がどれだけ効率よく運用されているかを表しており、**数字が大きいほど効率性が高い**ことを意味します。

もう1つ、アクティブファンドを選ぶ際は、**ポートフォリオの中身も確認する**必要があります。自分が投資したい地域にどれくらいの割合で投資しているのか等をチェックし、自分がつくりたいポートフォリオに活用できそうかどうかを確かめてください。

8 アクティブ運用を取り入れたい人のための世界株式ファンド3本

それでは、具体的に候補となるアクティブファンドを見ていきます。

まずは、世界株式インデックスファンドの代わりに、積極運用の中核に据えられるような世界株式アクティブファンドを探してみましょう。

過去の運用実績をしっかり見るため、10年以上の運用実績があるアクティブファンドを対象としました。

長期で運用できるよう、償還日については「償還まで20年以上」または「無期限」を条件に絞り込み、運用効率の劣る「毎月分配型」や高コストで仕組みがわかりにくい「通貨選択型」などは除外しています。

これらの条件を満たし、長期の運用パフォーマンスが高いものを選んだ結果が、図47の3本のファンドです。

順にそれぞれの特徴を見ていきましょう。

図47 世界株式ファンドの投資候補

・10年以上の運用実績があり、かつ長期の運用パフォーマンスが高いファンド
・償還まで20年以上または無期限
・毎月分配型、通貨選択型は除く
・為替はヘッジなし

ファンド名	運用会社	純資産額（百万円）	設定日	償還日	信託報酬等（税込、%）	トータルリターン10年（年率）		シャープレシオ10年	
						ファンドのリターン	+/− カテゴリー平均	ファンドのシャープレシオ	+/− カテゴリー平均
大和住銀DC海外株式アクティブファンド	三井住友DSアセットマネジメント	81,477	2006年12月15日	無期限	1.78	18.47%	+5.14%	1.02	+0.24
キャピタル世界株式ファンド	**キャピタル・インターナショナル**	**330,043**	**2007年10月29日**	**無期限**	**1.70**	**14.42%**	**+2.33%**	**0.84**	**+0.12**
セゾン資産形成の達人ファンド	セゾン投信	210,992	2007年3月15日	無期限	1.34	15.30%	+3.21%	0.93	+0.21

※2022年10月末時点
出所：著者作成

大和住銀DC海外株式アクティブファンド（三井住友DSアセットマネジメント）

このファンドは過去10年のトータルリターンが年率18・47%で、カテゴリー平均を5・14ポイント上回る高い運用実績を誇ります。シャープレシオは1・02で、カテゴリー平均を0・24ポイント上回っており、運用の効率性も高いと評価できます。信託報酬は年率1・78%です。

三井住友DSアセットマネジメ

ントのファンドですが、実際の運用はアメリカのティー・ロウ・プライスに委託されています。同社は1937年創業の歴史ある運用会社で、創業者のトーマス・ロウ・プライス・ジュニア氏は「成長株運用の祖」と呼ばれるほどの運用者でした。現在のティー・ロウ・プライスは、独自のファンダメンタル・リサーチによるアクティブ運用に強みを持ち、世界的に非常に高く評価される運用会社です。

キャピタル世界株式ファンド（キャピタル・インターナショナル）

このファンドは過去10年のトータルリターンが年率14・42％で、カテゴリー平均を2・33ポイント上回る運用実績があります。シャープレシオは0・84で、カテゴリー平均を0・12ポイント上回っており、運用の効率性も高いと評価できます。信託報酬は年率1・70％です。

先にご紹介したティー・ロウ・プライスと、このファンドを運用するキャピタルは、米国におけるアクティブ運用の両巨頭と言ってもいいでしょう。キャピタルは1931年創業で90年を超える歴史があり、キャピタル・グループの投信ブランド「アメリカン・

ファンズ」は、米国でアクティブファンドのトップシェアを誇ります。

キャピタルの運用について注目すべきは「キャピタル・システム」と呼ばれる運用スタイルで、1つのファンドを複数のファンドマネジャーが独自の運用方針をもって運用するのが特長です。ファンドマネジャーは運用を任された資金でどの銘柄を買ってもよく、たとえば同じファンドの運用を担うファンドマネジャーAさんとBさんが同じ銘柄を買うこともあれば、Aさんがある銘柄を買う一方でBさんがその銘柄を売るということもあるわけです。

キャピタル・システムが目指すのは、飛び抜けて優秀な運用実績を出すファンドマネジャーをつくることではありません。もしそのようなファンドマネジャーをつくれば、その1人が抜けたとたんにパフォーマンスが落ちてしまうおそれがあるでしょう。そのような問題をできる限り排除するために、1つのファンドを複数のファンドマネジャーで運用する体制を敷いているのではないかと思います。このようなシステムのもと、同社はアクティブファンドで長年にわたり圧倒的に高い運用実績を誇っているのです。

セゾン資産形成の達人ファンド（セゾン投信）

このファンドは過去10年のトータルリターンが年率15・30％で、カテゴリー平均を3・21ポイント上回る運用実績があります。シャープレシオは0・93で、カテゴリー平均を0・21ポイント上回っており、運用の効率性も高いと評価できます。信託報酬は年率1・34％です。

「セゾン資産形成の達人ファンド」は非常にユニークなファンドで、資産クラスごとに優秀な運用会社を選定して運用を行うファンド・オブ・ファンズです。図48は、同ファンドの資産配分の状況を示したものです。全体の約35％を運用するコムジェストは、フランスの独立系運用会社です。日本ではあまり名前を知られていませんが、ESG運用で高い評価を得ており、長期で優れた運用実績を上げていることで知られています。

また日本株の一部の運用は、国内の独立系運用会社スパークス・アセット・マネジメントが担っています。そのほかの運用会社の顔ぶれを見ても、資産運用の世界で長く実績を上げてきた会社が選ばれているという印象です。

ここで「大和住銀DC海外株式アクティブファンド」「キャピタル世界株式ファンド」「セ

図48　セゾン資産形成の達人ファンドの資産配分状況

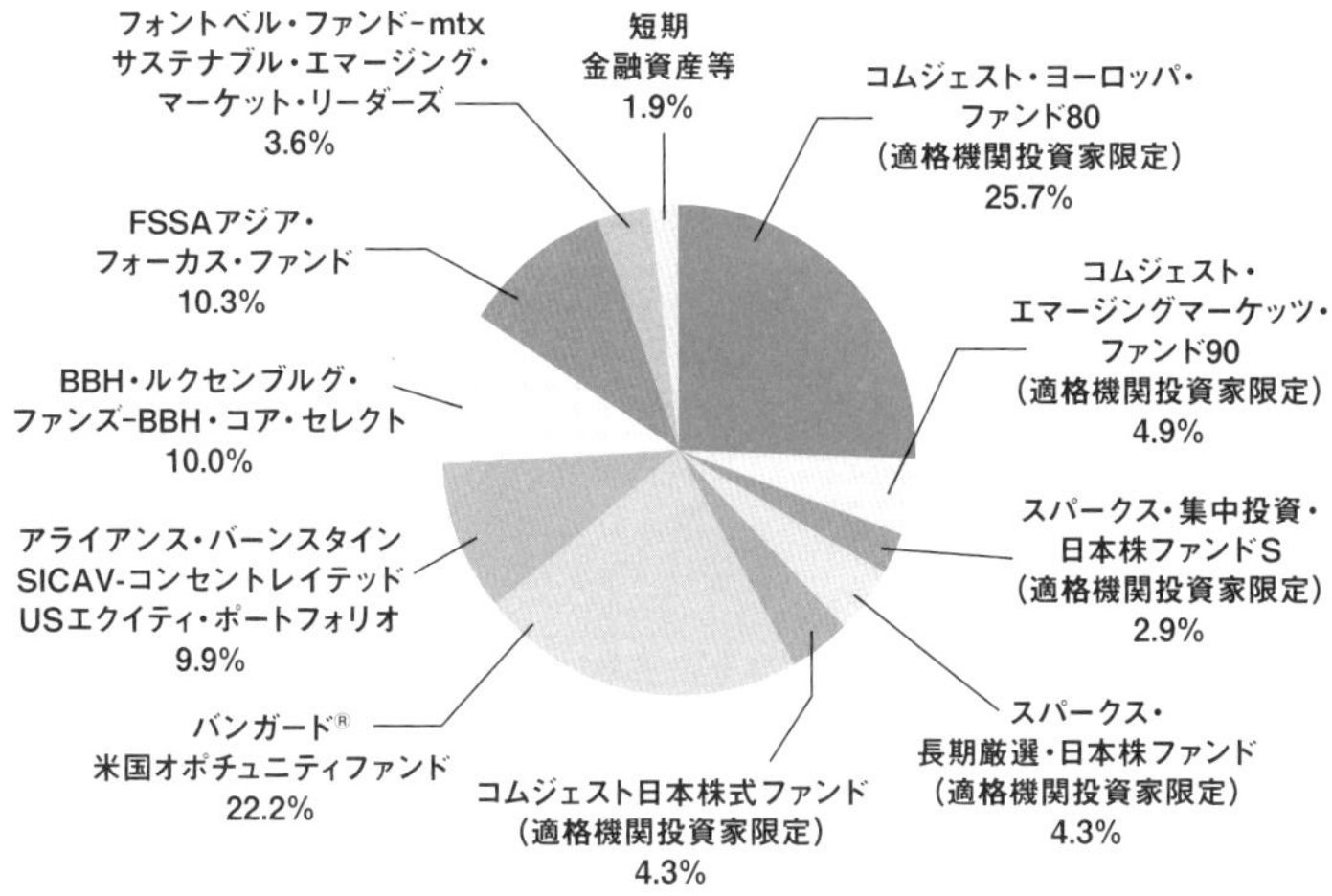

※2022年10月31日現在のポートフォリオ

ゾン資産形成の達人ファンド」の組入国・地域を比べてみましょう。138ページ図49をご覧ください。

　3本の内訳を見て気づくのは、「大和住銀DC海外株式アクティブファンド」は組入国に日本を含んでいないということです。「キャピタル世界株式ファンド」は2・8%、「セゾン資産形成の達人ファンド」は12・9%、日本を含んでいます。このほか、「セゾン資産形成の達人ファンド」は中国の組入比率が4・3%、インドの組入比率が5・0%など、新興国の割合が高めなことなどもわかるでしょう。

　この中からどれを選ぶかは、皆さん次第です。

図49 世界株式ファンドの主要な組入国・地域

〈大和住銀 DC海外株式アクティブファンド〉

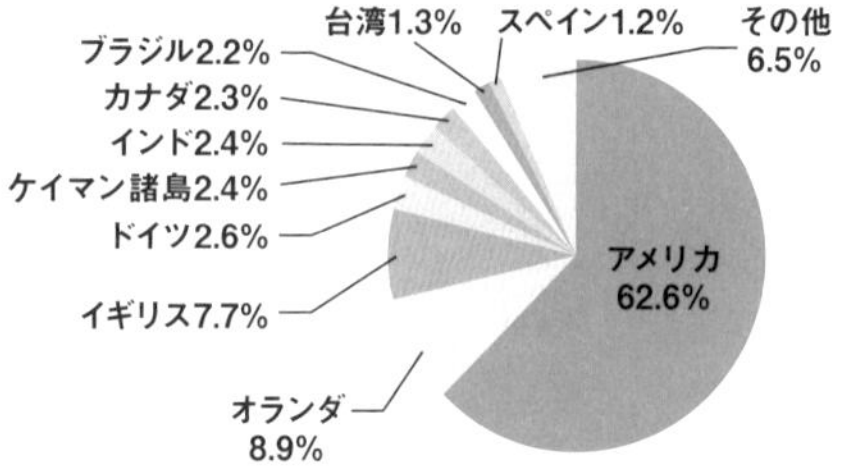

(日本を除く)

出所：マンスリーレポート2022年10月31日より

〈キャピタル世界株式ファンド〉

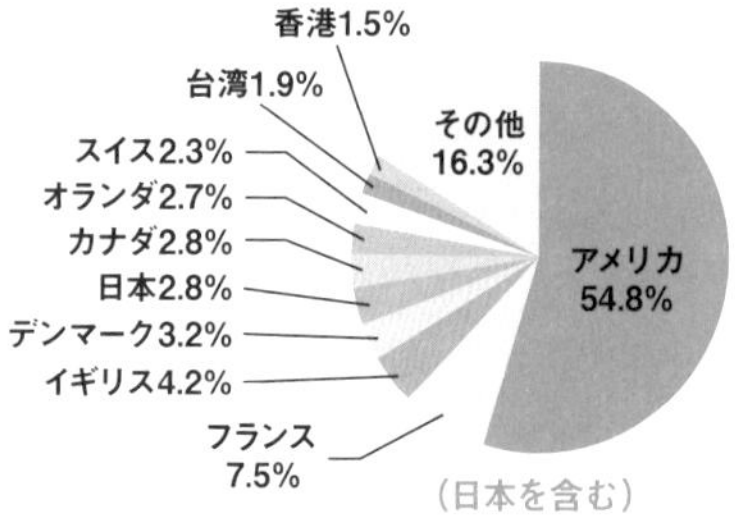

(日本を含む)

出所：月次レポート2022年10月31日より

〈セゾン資産形成の達人ファンド〉

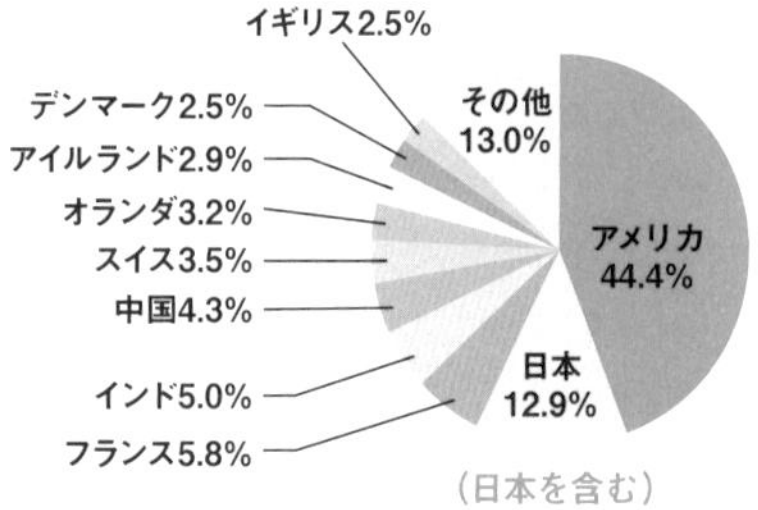

(日本を含む)

出所：10月度運用レポート2022年11月4日より
いずれも著者作成

「日本には投資しなくてよい」と考える方は「大和住銀ＤＣ海外株式アクティブファンド」が候補になるでしょう。「やはり一部は日本に投資したい」という方は「キャピタル世界株式ファンド」か「セゾン資産形成の達人ファンド」から選ぶことになりそうです。

またアクティブファンドについては、インデックスファンドと比べると信託報酬の高さが気になるところです。

先にも触れましたが、トータルリターンは信託報酬控除後のものですから、ここでご紹介したファンドについては「コストに対して十分に見合った運用実績がある」と見ることもできます。

しかし、もし運用成績が低下した場合、毎年差し引かれる信託報酬が重くのしかかることも間違いありません。この点、「セゾン資産形成の達人ファンド」はアクティブファンドの中では信託報酬を抑えていると言えます。このような観点で候補を選別していくのも、１つの方法かもしれません。

9

サテライト運用に使えるアクティブファンド6本

資産運用の世界には、ポートフォリオをコア（中核部分）とサテライト（その他の部分）に分け、「コアを安定的に運用しながらサテライトで積極的にリターンを狙う「コア・サテライト戦略」という考え方があります。

本書で提案する積極運用の部分については、世界株式ファンドがコアとなります。これに加え、リターンを高めることを目指して、サテライトとして組み入れられるアクティブファンドを見ていきましょう。

今回取り上げるのは、「アジア・アセアン地域に投資する株式ファンド」と「日本の小型株に投資する株式ファンド」です。

アジア・アセアン地域に投資する株式ファンド

アジア・アセアン地域に投資するファンドを組み入れる狙いは、今後のこれらの地域

図50　過去15年の主要株価の推移

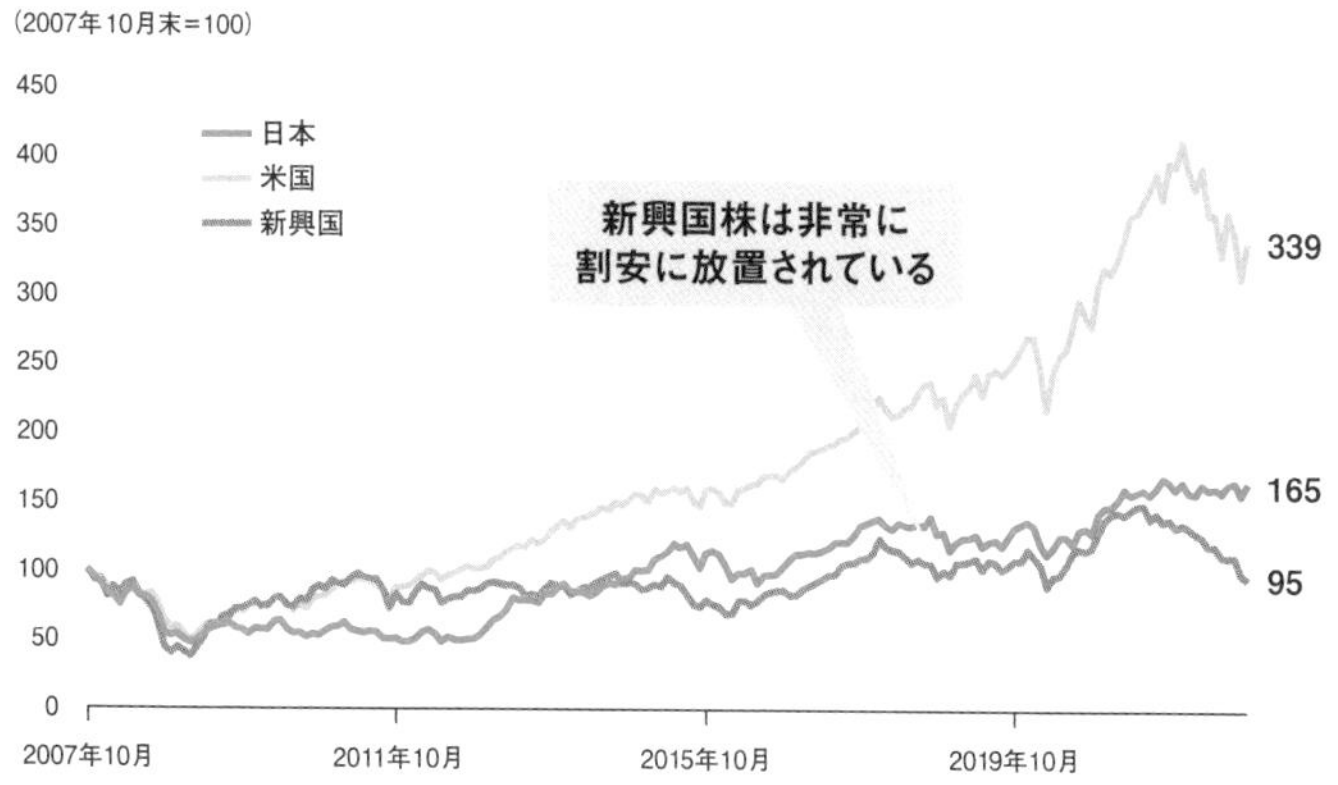

出所：著者作成

の成長を取り込むことにあります。もちろん、今回ご紹介している世界株式ファンドにもアジア・アセアン地域は含まれますが、比率が非常に小さいのです。

図50のグラフは、過去15年の主要株価の推移を比較したものです。ご覧いただいておわかりのとおり、過去15年は米国株が世界の株式市場を主導してきました。マーケットを牽引したのはGAFAM（グーグル、アップル、フェイスブック、アマゾン、マイクロソフト）やテスラのようなテック企業であり、新興国の株価はほとんど横ばいといっていい状態だったのです。

では、今後はどうなるでしょうか？

株式市場でメガテック企業が息切れ気味であることは、読者の皆さんもご存じでしょう。これから10年、20年後を考えたとき、世界の変化の中でマーケットの主役が少しずつ変化していく可能性もあるかもしれません。少なくとも、新興国株が非常に割安に放置されていることは間違いないように思います。

もちろん新興国株を運用のコアにすべきだとまでは思いませんが、たとえば私が積極投資の中心としてお勧めしたインデックスファンド「雪だるま」は米国株がポートフォリオの約6割を占めています。今後も米国が10年、20年と世界を引っ張っていくのかどうか不透明な中、新興国の成長に期待するのであれば、もう少し新興国株をポートフォリオに組み込んでいってもよいのではないかと思います。

アジア・アセアン地域の投資ファンド候補

アジア・アセアン地域に投資するファンドの候補についても、10年以上の運用実績があり、長期の運用パフォーマンスが高いことなどを条件として選別しました。**図51**をご覧ください。

この表を見る際に注意していただきたいのは、4本のファンドはすべて資産クラスが

図51　アジア・アセアン株式ファンドの投資候補はこれ！

- 10年以上の運用実績があり、かつ長期の運用パフォーマンスが高いファンド
- 償還まで20年以上または無期限
- 毎月分配型、通貨選択型は除く
- 為替はヘッジなし

ファンド名	運用会社	純資産額（百万円）	設定日	償還日	信託報酬等（税込、%）	トータルリターン10年（年率）		シャープレシオ10年	
						ファンドのリターン	+/- カテゴリー平均	ファンドのシャープレシオ	+/- カテゴリー平均
〈アジア株式〉JPMアジア株・アクティブ・オープン	JPモルガン・アセット・マネジメント	26,660	1998年11月30日	無期限	1.68	10.05%	+3.82%	0.52	+0.16
〈アセアン株式〉DIAM VIPフォーカス・ファンド「愛称：アジアン倶楽部」	アセットマネジメントOne	7,436	2007年4月27日	無期限	1.87	8.03%	+1.80%	0.43	+0.07
〈中国株式〉フィデリティ・チャイナ・フォーカス・オープン	フィデリティ投信	2,270	2004年10月20日	無期限	1.93	9.51%	+1.22%	0.44	+0.08
〈インド株式〉新生・UTIインドファンド	SBIアセットマネジメント	47,247	2006年12月27日	無期限	1.95	18.99%	+5.20%	0.83	+0.25

※2022年10月末時点
出所：著者作成

異なることです。先にご説明したように、ファンドの運用実績を評価する際は同じ資産クラスどうしで比較する必要があります。ですからこれら4本をトータルリターンやシャープレシオで直接比較すべきではありません。たとえば、アセアン株式に投資するファンドはパフォーマンスがさほどよくないように見えるかもしれませんが、アセアン株

式という資産クラスの中で良好なパフォーマンスを残しているファンドであり、その点で評価されるべきなのです。

それでは、4本のファンドについて中身をチェックしていきましょう。

JPMアジア株・アクティブ・オープン（JPモルガン・アセット・マネジメント）

日本を除くアジア各国の株式の中から、成長性があり、割安と判断される銘柄に投資するファンドです。このファンドは過去10年のトータルリターンが年率10・05％で、カテゴリー平均を3・82ポイント上回る運用実績があります。シャープレシオは0・52で、カテゴリー平均を0・16ポイント上回っており、運用の効率性も高いと評価できます。信託報酬は年率1・68％です。

図52は、「JPMアジア株・アクティブ・オープン」の組入上位国・地域を示したグラフです。中国が約3割を占め、次いで台湾、韓国、インドネシア、香港が組み入れられています。

図52　JPMアジア株・アクティブ・オープンのポートフォリオ

〈組入上位国・地域〉

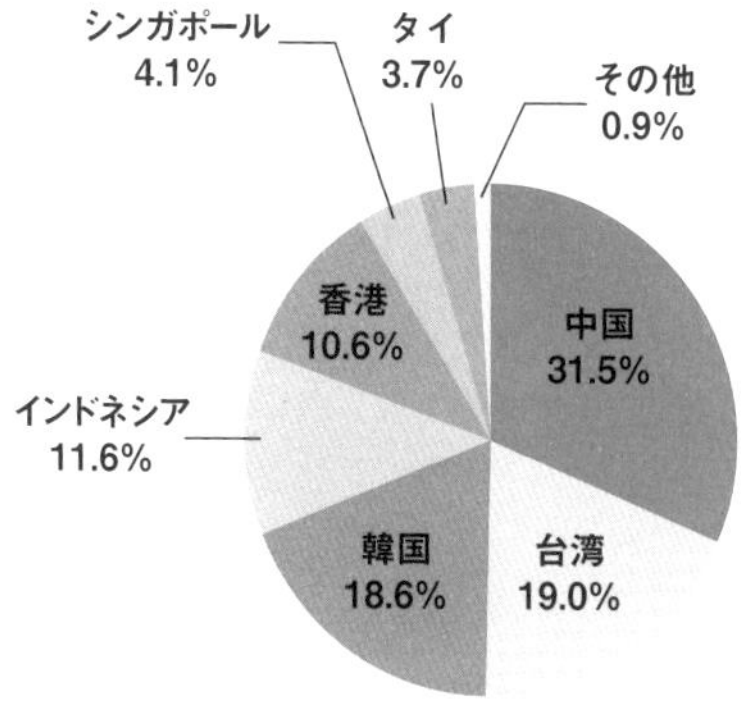

出所：月報2022年10月31日より著者作成

DIAM VIP フォーカス・ファンド「愛称：アジアン倶楽部」（アセットマネジメントOne）

主にVIP（ベトナム、インドネシア、フィリピン）の3カ国に重点を置いて、アセアン加盟国や中国、香港、インド等の日本を除くアジア諸国の株式に投資するファンドです。このファンドは過去10年のトータルリターンが年率8・03％で、カテゴリー平均を1・80ポイント上回る運用実績があります。シャープレシオは0・43で、カテゴリー平均を0・07ポイント上回っています。信託報酬は年率1・87％です。

図53　DIAM VIPフォーカス・ファンド『愛称：アジアン倶楽部』のポートフォリオ

〈組入上位国・地域〉

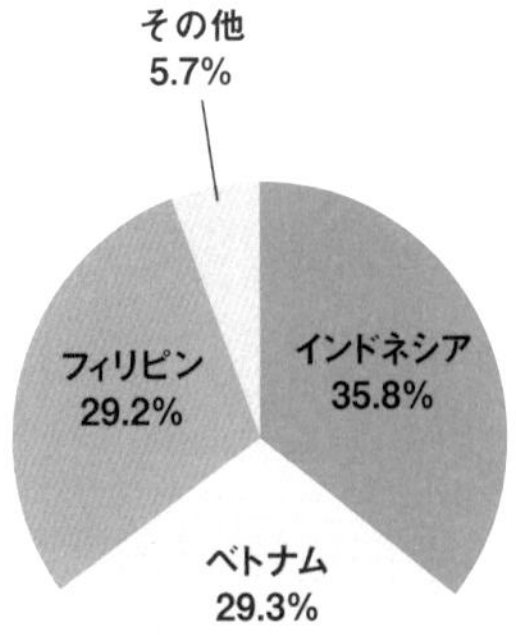

出所：月次レポート2022年10月31日よりモーニングスター作成

図53は、「アジアン倶楽部」の組入上位国・地域を示したグラフです。インドネシア、ベトナム、フィリピンの組入比率がそれぞれ3割程度となっています。

フィデリティ・チャイナ・フォーカス・オープン（フィデリティ投信）

中国・香港の取引所に上場する中国企業、および活動の大半を中国で行う中国以外の企業の株式を投資対象とするファンドです。このファンドは過去10年のトータルリターンが年率9・51％で、カテゴリー平均を1・22ポイント上回る運用実績があります。シャープレシオは0・44で、カテゴリー平均を0・08ポイント上回っています。信託報酬は年率1・93％です。

中国については地政学的にさまざまな懸念がありますが、GDPで世界第2位の大国であることをふまえれば、サテライトで組入比率を高めるのも選択肢の1つです。中国株の比率を高めたい方にとっては、有力な選択肢になるファンドです。

新生・UTIインドファンド（SBIアセットマネジメント）

ムンバイ証券取引所、またはナショナル証券取引所上場のインド株式を投資対象とするファンドです。このファンドは過去10年のトータルリターンが年率18・99％で、カテゴリー平均を5・20ポイント上回る運用実績があります。シャープレシオは0・83で、カテゴリー平均を0・25ポイント上回っています。信託報酬は年率1・95％です。

インドは人口が14億人に迫り、2023～2024年にかけて中国を抜くと予想されているほか、2025年ごろにはGDPで日本を追い抜いて世界第3位に躍り出ることも予測されています。インドの成長に期待し、組入比率を高めたい方にとっては、このファンドが有力な選択肢になるでしょう。

日本の小型株に投資する株式ファンド

次に取り上げるのは、国内小型株です。相場がいいときにはＴＯＰＩＸや日経平均株価などのインデックスを大きく上回るパフォーマンスを上げられる一方、相場が悪いときの下落も大きいのが小型株の特徴です。価格変動が大きいハイリスク・ハイリターンの資産クラスと言えますが、価格変動が大きいということは「安いときに量を多く買える」という積み立て投資のメリットが生きるという見方もできます。

国内小型株ファンドについても、10年以上の運用実績があり、長期の運用パフォーマンスが高いことなどを条件として選別しました。図54をご覧ください。

ＳＢＩ中小型成長株ファンド ジェイネクスト「愛称：ｊｎｅｘｔ」（ＳＢＩアセットマネジメント）

「ｊｎｅｘｔ」は、現時点で何らかの理由（課題・困難）のために株価が割安で、企業

図54　国内小型株式ファンドの投資候補

- 10年以上の運用実績があり、かつ長期の運用パフォーマンスが高いファンド
- 償還まで20年以上または無期限
- 毎月分配型、通貨選択型は除く

ファンド名	運用会社	純資産額（百万円）	設定日	償還日	信託報酬等（税込、%）	トータルリターン10年（年率）		シャープレシオ10年	
						ファンドのリターン	+/−カテゴリー平均	ファンドのシャープレシオ	+/−カテゴリー平均
SBI中小型成長株ファンドジェイネクスト「愛称：jnext」	SBIアセットマネジメント	6,650	2005年2月1日	無期限	1.65	21.77%	+5.27%	1.15	+0.33
MHAM新興成長株オープン「愛称：J-フロンティア」	アセットマネジメントOne	40,324	2017年9月29日	無期限	1.87	20.79%	+4.29%	0.95	+0.13

※2022年10月末時点
出所：著者作成

家精神に溢《あふ》れ革新的な高成長が期待される企業の株式に厳選投資するファンドです。SBIアセットマネジメントの商品ですが、実際の運用は、独立系で小型株運用において高い運用実績を誇るエンジェルジャパン・アセットマネジメントに委託されています。このファンドは過去10年のトータルリターンが年率21・77％で、カテゴリー平均を5・27ポイント上回る高い運用実績があります。シャープレシオは1・15で、カテゴリー平均を0・33ポイント上回っており、運用効率も高いと評価できます。信託報酬は年率1・65％です。

ＭＨＡＭ新興成長株オープン「愛称：Ｊ－フロンティア」（アセットマネジメントOne）

「Ｊ－フロンティア」は、高成長が期待できる新興企業の株式を中心に投資するファンドです。新興企業とは、「創業25年以下または上場後10年以下の企業」を目安としています。今後の成長に目を向けて銘柄を発掘しているので、中長期で積極的に運用するお金を投資するのであればおもしろい選択肢になりそうです。

このファンドは過去10年のトータルリターンが年率20・79％で、カテゴリー平均を4・29ポイント上回る高い運用実績があります。シャープレシオは0・95で、カテゴリー平均を0・13ポイント上回っています。信託報酬は年率1・87％です。

２０２０年からの2年間は株式相場が好調に推移したため、日本株は全般にパフォーマンスが良く、過去10年のトータルリターンを見るとＴＯＰＩＸは10・02％、日経平均株価も11・94％でした。そのような相場環境であることを前提としても、ここでご紹介した2本の国内小型株ファンドの好成績ぶりは目を引くものがあります。

具体的に、2本のファンドがどのような銘柄に投資しているかを見てみましょう。図55は、それぞれのファンドの組入上位10銘柄です。

図55 国内小型株ファンドのポートフォリオ

SBI中小型成長株ファンド ジェイネクスト「愛称：jnext」
〈組入上位10銘柄（組入銘柄数：55銘柄）〉

順位	銘柄	業種	組入比率
1	ティーケーピー	不動産業	3.5%
2	エムアップホールディングス	情報・通信業	3.2%
3	SHIFT	情報・通信業	3.2%
4	トランザクション	その他製品	3.0%
5	シグマクシス・ホールディングス	サービス業	3.0%
6	エラン	サービス業	3.0%
7	ジャパンマテリアル	サービス業	2.9%
8	寿スピリッツ	食料品	2.9%
9	メンバーズ	サービス業	2.8%
10	前田工織	その他製品	2.7%

MHAM新興成長株オープン「愛称：J-フロンティア」
〈組入上位10銘柄（組入銘柄数：98銘柄）〉

順位	銘柄	業種	組入比率
1	インソース	サービス業	2.4%
2	SHIFT	情報・通信業	2.2%
3	プロジェクトカンパニー	情報・通信業	2.1%
4	KOA	電気機器	2.0%
5	Macbee Planet	サービス業	2.0%
6	ラクスル	情報・通信業	1.9%
7	デジタルハーツホールディングス	情報・通信業	1.8%
8	アイドマ・ホールディングス	サービス業	1.8%
9	LITALICO	サービス業	1.8%
10	ジャパンマテリアル	サービス業	1.7%

出所：月次レポート2022年10月31日より著者作成

10 アクティブファンドをポートフォリオにどう組み入れるか

ここまでにご紹介したサテライトのファンドは、すべてを活用する必要はありません。世界株ファンドを積極運用のコアに置きながら、「もう少し中国株を組み入れたい」「国内株は小型株だけ投資しておきたい」といった、みなさんそれぞれの考え方に合わせて組み合わせていただければと思います。

とは言え、「自由に組み合わせてもいい」と言われても具体的なイメージがわきにくいかもしれません。そこでここからは、積極運用のポートフォリオをいくつかご紹介していきたいと思います。

基本となるのは、世界株式インデックスファンド「雪だるま」1本での運用です。これを**「ポートフォリオ：A」**とします（**図56**）。このポートフォリオの10年のトータルリターンは年率15・43％、信託報酬は0・11％です。

図56　積極運用のポートフォリオ：A

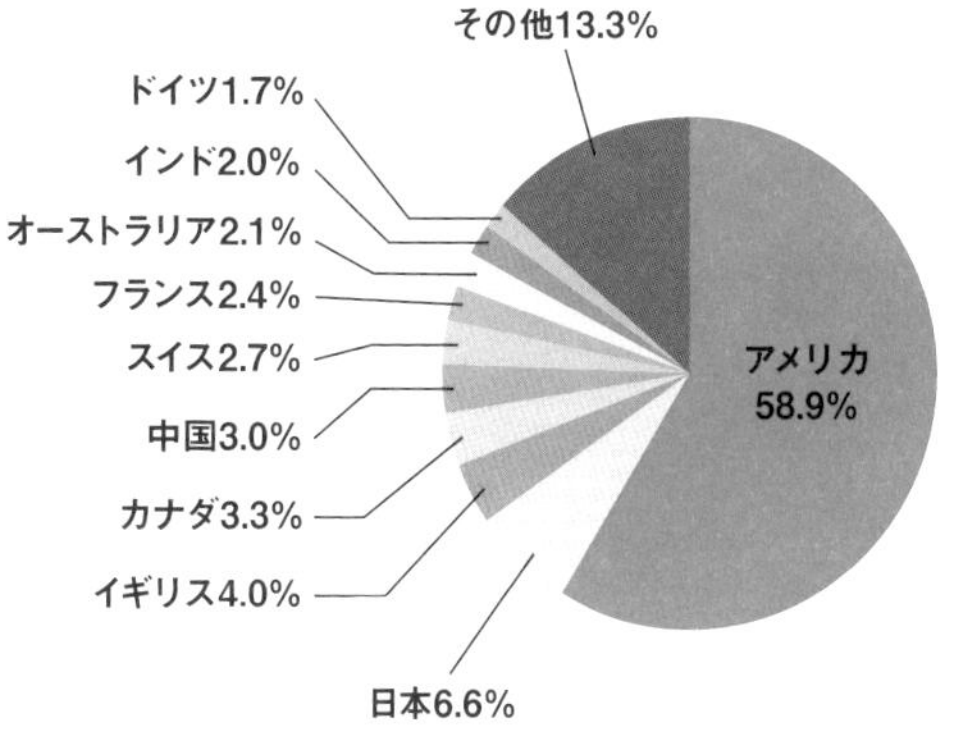

	10年トータルリターン（年率、%）	信託報酬（税込、%）
SBI・全世界株式インデックス・ファンド	15.43	0.11

※10年トータルリターンは、FTSE グローバル・オールキャップ・インデックス

※2022年10月末時点
出所：著者作成

「雪だるま」にサテライトファンドを組み合わせたポートフォリオ：B－①

このコアファンドの「雪だるま」に2本のサテライトファンドを組み合わせ、構成比を「世界株式インデックス80％、国内小型株式10％、新興国株式10％」としたのが「ポートフォリオ：B－①」です（図57）。具体的には「雪だるま」80％、「ｊｎｅｘｔ」10％、「JPMアジア株・アクティブ・オープン」10％を組み合わせています。するとポートフォリオ全体の米国株の割合が45％程度まで低下し、小型株を含む日本株の割合は14・5％まで高まります。「ポートフォリオ：A」では手薄だった中国が5・4％となり、新興国への投資割合も高まりました。

このポートフォリオの10年のトータルリターンは年率15・53％、信託報酬は0・42％です。「ポートフォリオ：A」と「ポートフォリオ：B－①」のトータルリターンは0・1％しか差がありませんが、これは過去10年、新興国株式が不調であったことが背景にあります。今後の新興国の成長に期待するのであれば、このようなポートフォリオを組んでみるのも選択肢の1つです。

図57 積極運用のポートフォリオ：B－①

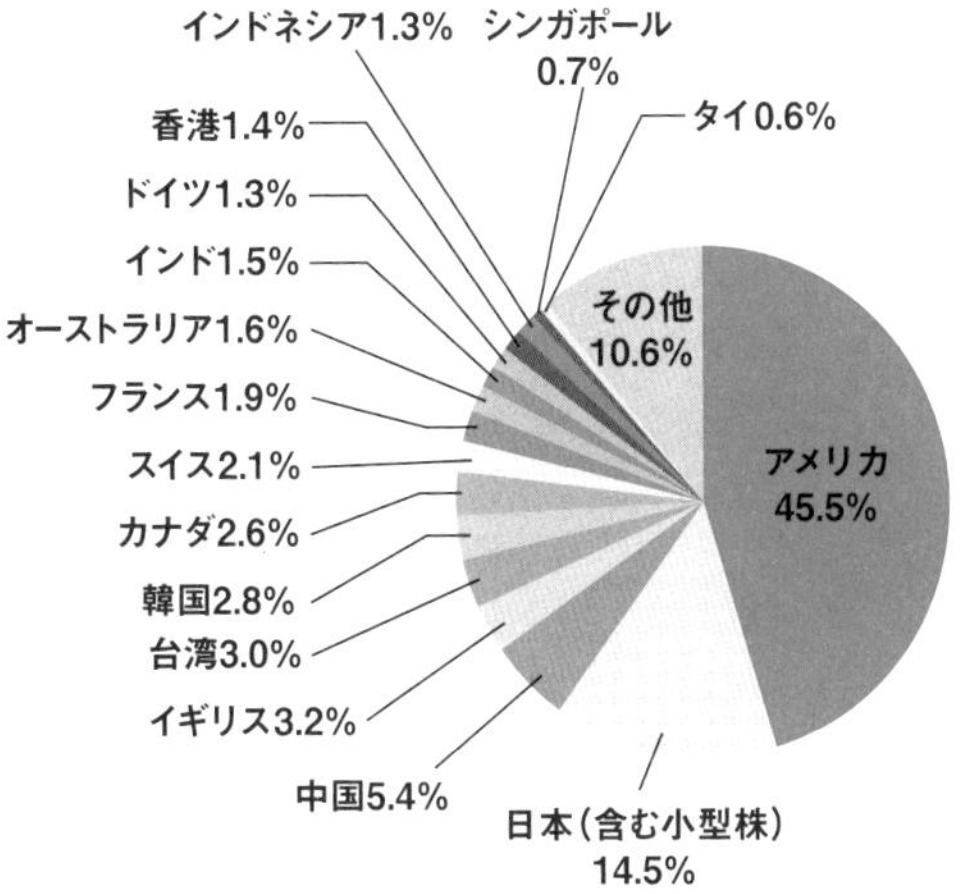

	資産クラス	構成比（%）	10年トータルリターン（年率、%）	信託報酬（税込、%）
SBI・全世界株式インデックス・ファンド	世界株式	80	15.43	0.11
SBI中小型成長株ファンドジェイネクスト	国内小型株式	10	21.77	1.65
JPMアジア株・アクティブ・オープン	新興国株式	10	10.05	1.68
ポートフォリオ	－	100	15.53	0.42

※2022年10月末時点　出所：著者作成

日本株は小型株のみ組み入れるポートフォリオ：B－②

次に、すべてアクティブファンドでポートフォリオを組むことを考えてみましょう。積極運用のコアとなる世界株式ファンドを「雪だるま」から「大和住銀DC海外株式アクティブファンド」に変えたのが「ポートフォリオ：B－②」です（図58）。

具体的には「大和住銀DC海外株式アクティブファンド」80％、「JPMアジア株・アクティブ・オープン」10％を組み合わせています。「大和住銀DC海外株式アクティブファンド」は日本を除く世界の株式を投資対象としているため、「jnext」を入れることにより、日本株は小型株のみ組み入れるポートフォリオとなります。米国株は5割程度で、新興国もバランスよく入ったポートフォリオになっていると言えるのではないでしょうか。

このポートフォリオの10年のトータルリターンは年率17・96％、信託報酬は1・76％です。信託報酬の高さは気になるところですが、そのコストに見合うだけの運用実績を上げてきたことは間違いありません。新興国や日本の小型株の成長性に期待をかけたいという方にはお勧めできるポートフォリオです。

図58　積極運用のポートフォリオ(アクティブ):B－②

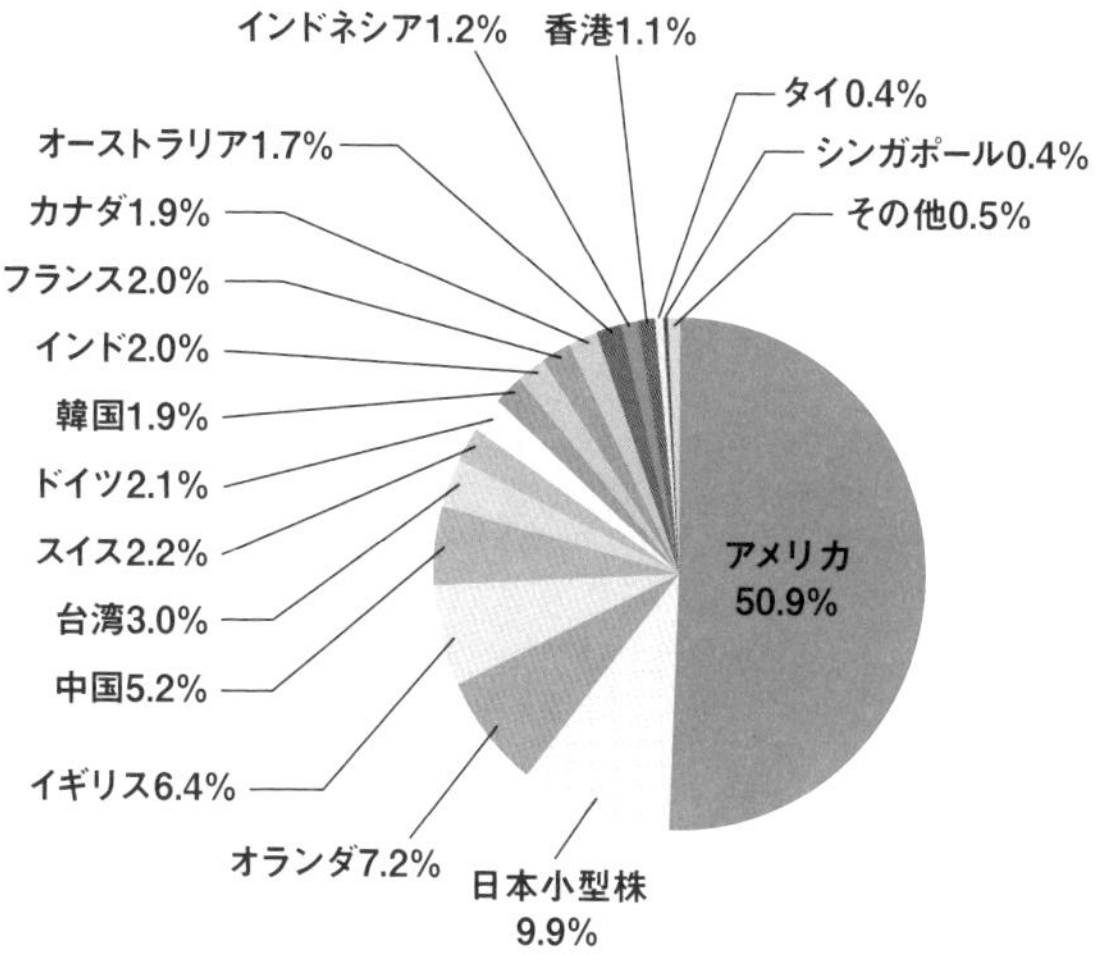

	資産クラス	構成比(%)	10年トータルリターン(年率、%)	信託報酬(税込、%)
大和住銀DC海外株式アクティブファンド	先進国株式(除く日本)	80	18.47	1.78
SBI中小型成長株ファンドジェイネクスト	国内小型株式	10	21.77	1.65
JPMアジア株・アクティブ・オープン	新興国株式	10	10.05	1.68
ポートフォリオ	－	100	17.96	1.76

※2022年10月末時点　出所：著者作成

ポートフォリオ：Bに新興成長国株式を組み入れる
ポートフォリオ：C

「ポートフォリオ：C」は、「ポートフォリオ：B」からさらに分散し、新興国株式に加えて新興成長国株式を組み入れてみます。

「ポートフォリオ：C－①」は、コアの「雪だるま」にサテライトファンドを組み合わせ、構成比を「世界株式インデックス70％、国内小型株式10％、新興国株式10％、新興成長国株式10％」としたものです（図59）。具体的には「雪だるま」70％、「ｊｎｅｘｔ」10％、「ＪＰＭアジア株・アクティブ・オープン」10％、「アジアン倶楽部」5％、「新生・ＵＴＩインドファンド」5％を組み合わせています。するとポートフォリオ全体の米国株の割合は40％近くにまで下がり、小型株を含む日本株の割合は13・8％となります。インドが6・3％、中国が5・0％と高めの割合になっていること、インドネシアやベトナム、フィリピンなどの新興成長国株式がしっかり組み込まれていることなどが特徴です。

このポートフォリオの10年のトータルリターンは年率15・33％、信託報酬は0・60％です。「ポートフォリオ：A」と比べて過去10年のトータルリターンでは少々見劣りし

図59 積極運用のポートフォリオ：C－①

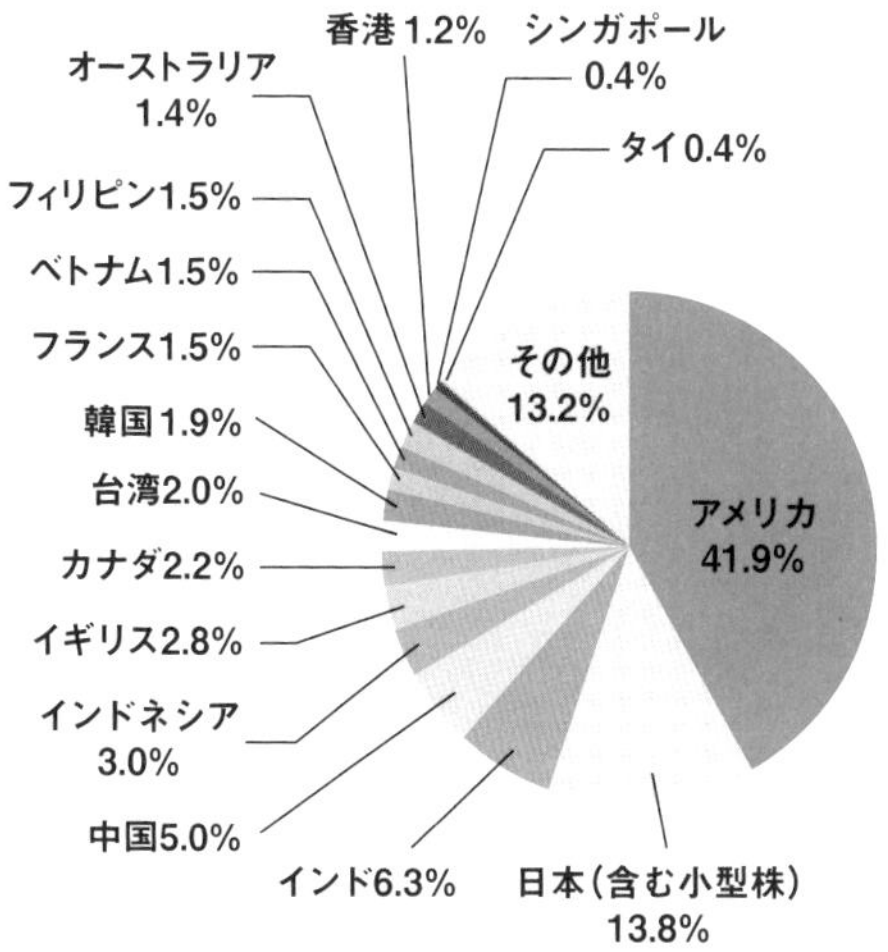

	資産クラス	構成比（%）	10年トータルリターン（年率、%）	信託報酬（税込、%）
SBI全世界株式インデックス・ファンド	世界株式	70	15.43	0.11
SBI中小型成長株ファンドジェイネクスト	国内小型株式	10	21.77	1.65
JPMアジア株・アクティブ・オープン	新興国株式	10	10.05	1.68
DIAM VIPフォーカス・ファンド	アセアン株式	5	8.03	1.87
新生・UTIインドファンド	インド株式	5	18.99	1.95
ポートフォリオ	－	100	15.33	0.60

※2022年10月末時点
出所：著者作成

ますが、コアをインデックスファンドとすることで信託報酬をある程度抑えつつ、新興国や日本の小型株への投資割合を高めたいという方には選択肢となるでしょう。

「ポートフォリオ：C－②」は、世界株式ファンドを「大和住銀DC海外株式アクティブファンド」に変え、すべてアクティブファンドで組んだポートフォリオです（図60）。

具体的には「大和住銀DC海外株式アクティブファンド」70％、「jnext」10％、「JPMアジア株・アクティブ・オープン」10％、「アジアン倶楽部」5％、「新生・UTIインドファンド」5％を組み合わせています。米国株を50％弱組み入れつつ、日本の小型株、インド株、中国株や新興成長国の株式も組み込まれるポートフォリオとなります。

このポートフォリオの10年のトータルリターンは年率17・46％、信託報酬は1・77％です。やはり信託報酬の高さは気になりますが、「ポートフォリオ：B－②」からさらに踏み込んで新興成長国に期待したいという方にはお勧めのポートフォリオです。

図60　積極運用のポートフォリオ：C－②

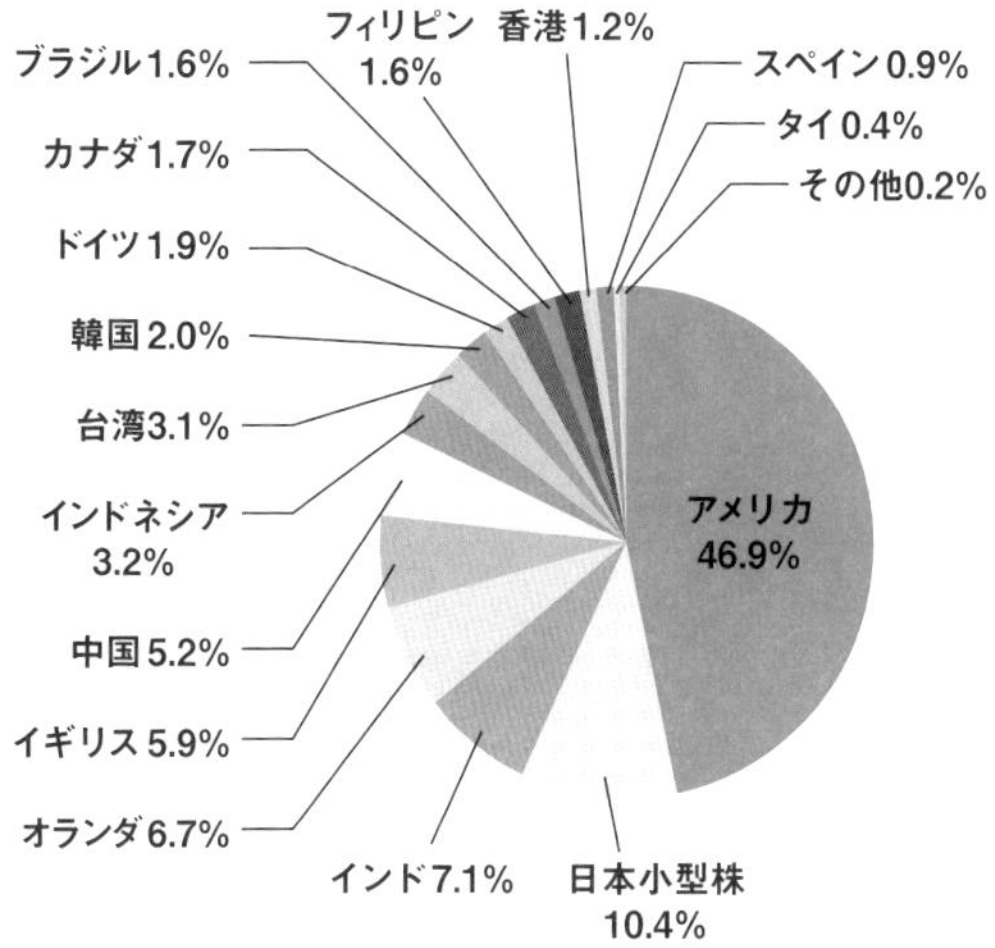

	資産クラス	構成比（%）	10年トータルリターン（年率、%）	信託報酬（税込、%）
大和住銀DC海外株式アクティブファンド	先進国株式（除く日本）	70	18.47	1.78
SBI中小型成長株ファンドジェイネクスト	国内小型株式	10	21.77	1.65
JPMアジア株・アクティブ・オープン	新興国株式	10	10.05	1.68
DIAM VIPフォーカス・ファンド	アセアン株式	5	8.03	1.87
新生・UTIインドファンド	インド株式	5	18.99	1.95
ポートフォリオ	－	100	17.46	1.77

※2022年10月末時点
出所：著者作成

11 ポートフォリオはリスク許容度に合わせて考える

ここまでにご紹介してきた「ポートフォリオ：A」「ポートフォリオ：B」「ポートフォリオ：C」のどれを選ぶかを考える際は、皆さんご自身のリスク許容度に目を向けてみましょう。

一般に、年間の所得や保有する金融資産が多いほど、とれるリスクは大きくなります。新興国や新興成長国への投資はリスク・リターンが高くなりますから、サテライトでこれらの国・地域に投資するファンドを組み入れる場合は、そのことに留意する必要があります。

たとえば先に、資産形成層の方について、所得と金融資産別の「お金の色分け」をご提案しましたが、年収700万円程度まで・金融資産400万円程度までの方であれば、積極運用は「ポートフォリオ：A」、つまり「雪だるま」1本とするのがよいのではないかと思います。

年収1000万円・金融資産500万円程度の方で、毎月5万円ずつ積極運用のため

図61　「資産形成層」の所得と金融資産別の「お金の色分け」

	年収（概算手取り額）	金融資産額		積極運用（世界株式ファンドの積み立て）毎月の積立額（年間投資額〈手取り収入の7〜8％程度〉）		預金（手取り収入の3カ月分程度）		安定運用（世界債券ファンドの一括投資）
ポートフォリオ：A	400万円（320万円）	200万円	➡	2万円（24万円）	＋	80万円	＋	120万円
ポートフォリオ：A	500万円（390万円）	300万円		3万円（36万円）		100万円		200万円
ポートフォリオ：A	700万円（530万円）	400万円		3.5万円（42万円）		150万円		250万円
ポートフォリオ：B	1000万円（730万円）	500万円		5万円（60万円）		200万円		300万円

毎月の定時定額（積み立て）投資を設定

の積み立て投資ができる場合は、「ポートフォリオ：B」を検討してもいいでしょう（図61）。

資産活用層の方については、金融資産1000万円程度までで毎月5万円ずつ積極運用のための積み立て投資ができる場合、「ポートフォリオ：B」を検討してみてください。

金融資産が2000万円以上で、毎月10万円以上を積極運用の積み立てに回せる方の場合は、「ポートフォリオ：C」を検討してもよいのではないかと思います（164ページ図62）。

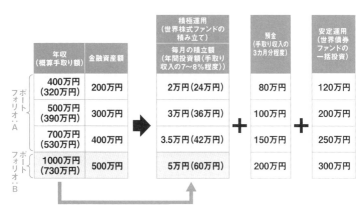

図62　「資産活用層」の金融資産の「お金の色分け」

	金融資産額	安定運用：預金	安定運用：先進国債券ファンドの一括投資	積極運用（積み立て）：世界株式ファンド	積極運用（積み立て）：世界株式ファンド
	100%	20%	80%	金融資産の0.5%	12カ月
ポートフォリオ：B	1000万円	200万円	800万円	5万円	60万円
ポートフォリオ：C	2000万円	400万円	1600万円	10万円	120万円
ポートフォリオ：C	3000万円	600万円	2400万円	15万円	180万円

適宜ファンドを売却して預金に移行

預金から定時定額（積み立て）投資に振り向ける

アクティブファンドを利用する場合は、自身の考えで創意工夫を

ポートフォリオ構築の具体例を見てみましょう。図63をご覧ください。

たとえば毎月5万円ずつ積み立てできる方が「ポートフォリオ：B－②」で運用する場合、「大和住銀DC海外株式アクティブファンド」を4万円、「ｊｎｅｘｔ」を5000円、「JPMアジア株・アクティブ・オープン」を5000円ずつ買っていくことになります。

毎月10万円ずつ積み立てできる方が「ポートフォリオ：C－②」で運用す

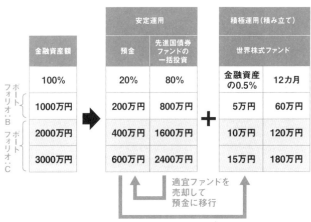

図63　積極運用のポートフォリオ構築の具体例

〈積極運用のポートフォリオ：A〉
月額：30,000円

	構成比(%)	毎月の積立額(円)
SBI・全世界株式 インデックス・ファンド	100	30,000

〈積極運用のポートフォリオ：B－②〉
月額：50,000円

	構成比(%)	毎月の積立額(円)
大和住銀DC海外株式 アクティブファンド	80	40,000
SBI中小型成長株ファンド ジェイネクスト	10	5,000
JPMアジア株・アクティブ・オープン	10	5,000
ポートフォリオ	100	50,000

〈積極運用のポートフォリオ：C－②〉
月額：100,000円

	構成比(%)	毎月の積立額(円)
大和住銀DC海外株式 アクティブファンド	70	70,000
SBI中小型成長株ファンド ジェイネクスト	10	10,000
JPMアジア株・アクティブ・オープン	10	10,000
DIAM VIPフォーカス・ファンド	5	5,000
新生・UTIインドファンド	5	5,000
ポートフォリオ	100	100,000

る場合、「大和住銀DC海外株式アクティブファンド」を7万円、「jnext」を1万円、「JPMアジア株・アクティブ・オープン」を1万円、「アジアン倶楽部」を5000円、「新生・UTIインドファンド」を5000円ずつ買っていくことになります。

実際に投資額を見てみると、「5万円のうち5000円なら日本の小型株を買ってみるのも面白そうだ」「10万円のうち5000円ならインド株に投資してみてもいいかもしれない」というようにイメージが湧くのではないかと思います。

ここでご紹介したポートフォリオは、あくまでも一例です。

アクティブファンドを利用して投資を楽しむ場合は、ぜひご自身の考えでファンドを差し替えたり、追加したりしてみてください。

第5章

資産管理に困ったとき、金融機関とどう付き合うべきか

1 ネット証券を使えば、基本的な資産管理は自分でできる

第4章までに、幅広い方に応用いただける資産を守り増やすための管理方法をお伝えしました。あとは皆さん自身が実践するだけです。

投信口座を持ったことがないという方は、手始めにネット証券で口座を開設するとよいでしょう。本書でご紹介したファンドは、ＳＢＩ証券、楽天証券などの大手ネット証券であればどこでも購入できます。

どのネット証券がよいか迷った場合は、業界最大手のＳＢＩ証券が候補になると思います。積み立て代金の自動振替サービスを活用すれば、いつも使っている銀行口座から自動引き落としで投信を積み立てることができます。もちろん、手数料はかかりません。１００円から積み立て可能なので少額からスタートすることもできますし、買付のタイミングは「毎日」「毎週」「毎月」など自由に設定可能なので、細かく時間分散を図りたいという方にも便利に使えるのではないかと思います（図64）。

図64　SBI証券の投信積立サービスの活用

①投信積立なら買付手数料0円!

②最低100円から積立が可能!
少額から資産形成がはじめられる!

③毎日、毎週、毎月など
買付のタイミングは自由に設定可能!

④積立代金自動振替サービスの活用

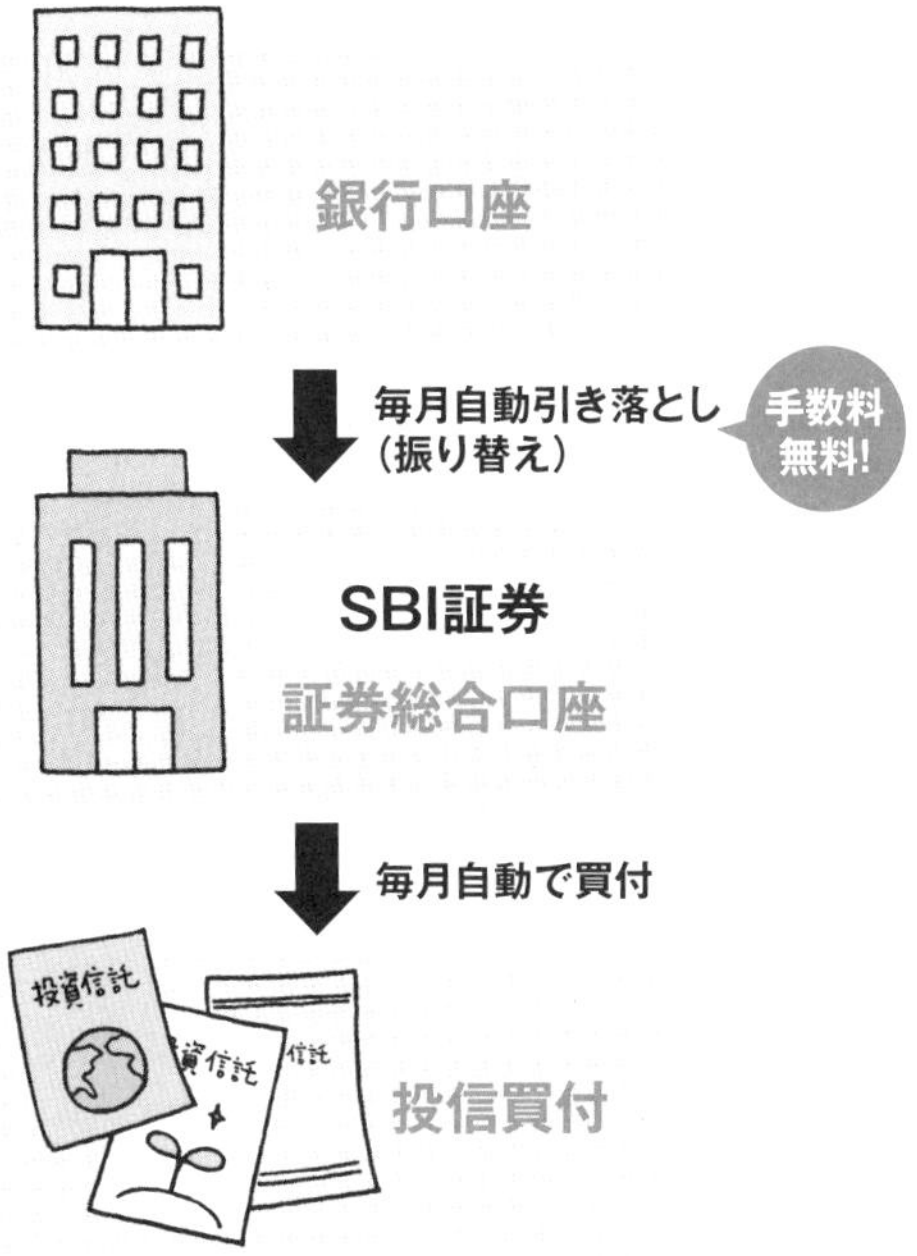

引き落とし先の金融機関は
1.住信SBIネット銀行「SBIハイブリッド預金（預り金自動スィープサービス）」
2.普段お使いの金融機関

2 税制優遇口座は優先的に利用しよう

資産管理をスタートしていただく際には、ぜひ税制優遇口座も活用しましょう。

買った投信の基準価額が上昇し、10万円の値上がり益が出たとしましょう。ここで「やった、10万円儲かった！」と考えるのは早計です。投信で運用して利益を得ると、その分には税金がかかります。

たとえば投信を売却して値上がり益を得た場合は、「上場株式等の譲渡による所得（譲渡所得）」として所得税15・315％、住民税5％、合わせて20・315％（復興特別所得税を含む）が課税されます。10万円の値上がり益が出た場合、税額は「10万円×20・315％＝2万315円」となり、手元に残る儲けは7万9685円となるわけです。

税金の負担は、長期の運用パフォーマンスに大きく影響します。**図65**をご覧ください。これは、信託報酬や税金の負担によって運用パフォーマンスがどう変わるかを試算したデータです。

まず元本100万円を年率5％で20年間運用した場合について、課税口座を利用した

図65　税金とコスト負担による長期の運用パフォーマンス比較

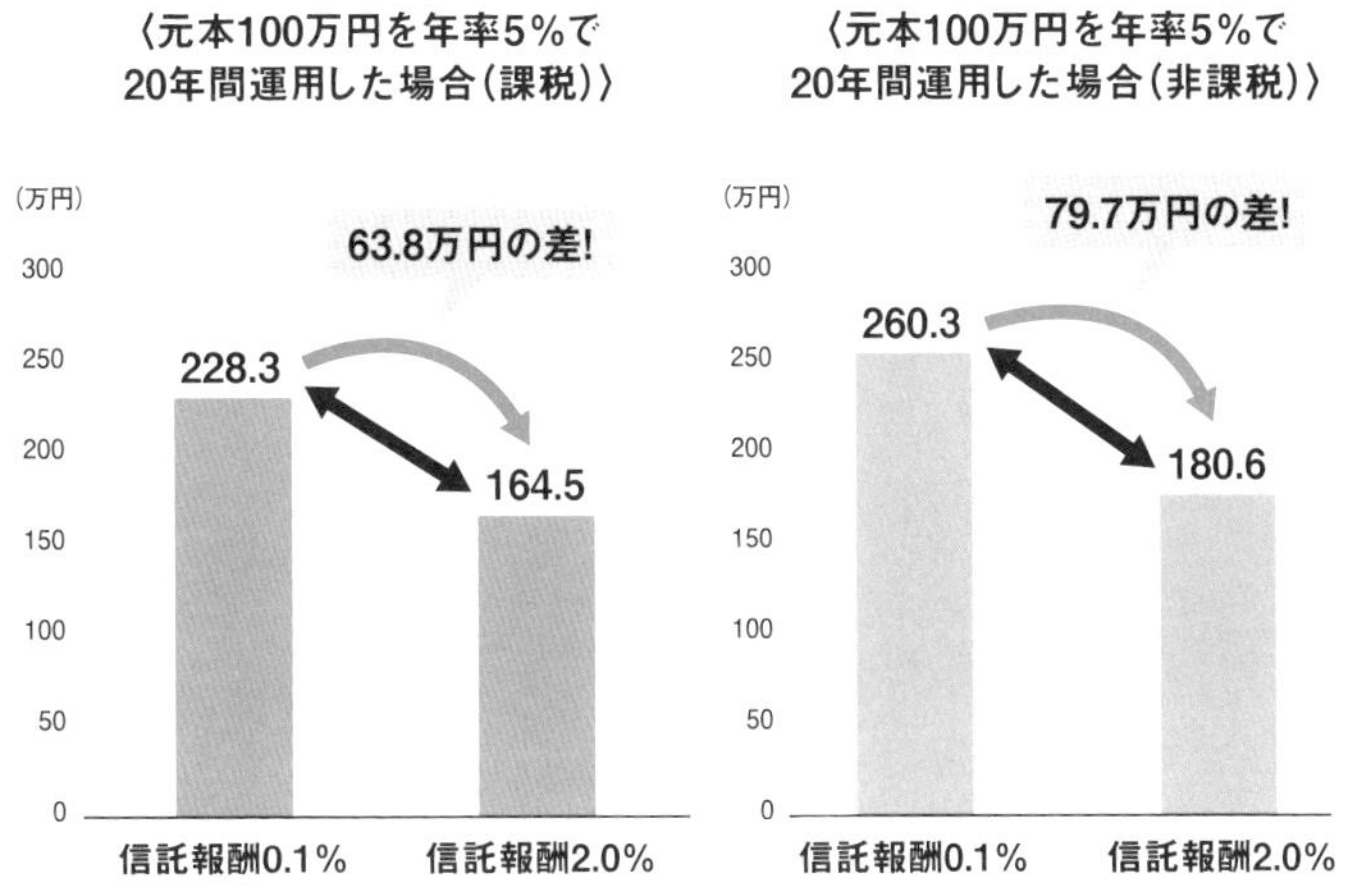

ケースを見てみましょう（図65左）。信託報酬が２・０％なら資産は１６４・５万円まで増えます。これが信託報酬を０・１％に抑えると、２２８・３万円となります。

一方、非課税口座を利用した場合はどうでしょうか？　信託報酬が２・０％だと資産は１８０・６万円になります。信託報酬０・１％なら、２６０・３万円です。

こうして比較すると、**信託報酬や税金などのコストを抑えることの重要性**がよく分かるのではないでしょうか。

投信で運用でき、運用益が非課税になる制度には、老後資産づくりを目的とした厚生労働省管轄の「企業型ＤＣ

（企業型確定拠出年金）」「ｉＤｅＣｏ（イデコ、個人型確定拠出年金）」のほか、金融庁管轄で投資目的を問わない「ＮＩＳＡ」などがあります。

企業型ＤＣは、企業が毎月出してくれる掛け金を従業員が自分で運用する制度

企業型ＤＣは、企業が毎月拠出してくれる掛け金を、加入者である従業員が自分で運用する制度です。

「そういえばウチの会社も企業型ＤＣがあるみたいだけれど、考えるのが面倒でほったらかしにしている」という方はいないでしょうか？

企業型ＤＣでは預金や保険など元本確保型の商品を選んでいる人が多いのですが、投信を選んで掛け金を運用することができます。運用益が非課税になるだけでなく、将来の受け取り時も税制面で優遇がありますから、勤務先に企業型ＤＣがある方は最優先で利用するべきです。

投信のラインナップは勤務先によって異なりますが、この本で学んだ投信の選び方を応用し、世界株式インデックスファンドなどで積極運用するのがお勧めです。

iDeCoは、「自分でお金を出して、自分年金をつくる」制度

iDeCoは、老後に向けて「自分でお金を出して、自分で運用し、自分の年金をつくる」ための制度です。iDeCoの大きな魅力は、充実した税制メリットにあります。運用益が非課税になるだけでなく、掛け金を拠出した分は全額所得控除の対象となり、所得税や住民税が安くなります。さらに、受け取り時にも税制面での優遇が受けられます。

ただし年金づくりを目的とした制度なので、運用したお金を受け取れるのが60歳以降になる点は注意が必要です。

iDeCoは、基本的に国民年金被保険者であれば加入できます。ただし、企業年金のある企業で働いている方の場合、勤務先の規約等により加入できない場合もありますから、勤務先の人事部等に確認してみましょう。

NISAは、投資により得た利益が非課税になる制度

金融庁管轄の制度で、投資により得た利益が非課税になるのがNISAです。NISAは、本書執筆時点の2023年までは積み立て投資のみ可能な「つみたてNISA」と、一括投資も可能な「一般NISA」に分かれており、いずれか一方のみを利用できる仕組みになっています。

これが、2024年からは「新NISA」に変わり、積み立て投資で利用する「つみたて投資枠」と一括投資可能な「成長投資枠」が併用できるようになります。これまでのNISAは時限措置で、非課税で保有できる期間も限定されていましたが、新NISAは恒久化されて非課税期間も無期限となるので、使い勝手は大幅によくなると言えるでしょう。

また、投資できる額も従来はつみたてNISAが年40万円、一般NISAは年120万円にすぎませんでしたが、これが大きく拡大されます。

新NISAでは、1年間でつみたて投資枠120万円、成長投資枠240万円、合計で最大360万円投資することができるようになります。生涯に投資できる枠は18

図66　2024年からの「新NISA」を積極的に活用する!

	つみたて投資枠	成長投資枠
年間投資枠	120万円	240万円
非課税保有期間	無期限	無期限
非課税保有限度額	1800万円	
		1200万円
口座開設期間	恒久化	恒久化
投資対象商品	積み立て・分散投資に適した一定の投資信託（現行のつみたてNISA対象商品と同様）	投資信託は、信託期間20年以上、毎月分配型ではなく、高いレバレッジをかけていない商品
対象年齢	18歳以上	18歳以上

出所：金融庁「新しいNISA」

０万円（うち成長投資枠は１２００万円）です（図66参照）。

投資枠は投資元本をベースに計算され、運用益についてはカウントされませんから、運用益を上げられれば、ＮＩＳＡで運用する額は生涯で１８００万円を大きく超えることもありえます。

また、売却すれば投資枠は復活します。たとえば、投資元本５００万円が運用により６００万円に増え、それを売却した場合、投資枠が５００万円分復活するのです。新ＮＩＳＡは、資産形成層の方がライフイベントに向けて投資をして途中で売却するといった場面で活用しやすく、老後資金など長期で資産を増やしていく際にも使いやすい、とても魅力的な制度になったと思います。

資産形成層は、「積極運用」に新ＮＩＳＡの「つみたて投資枠」を利用する

新ＮＩＳＡを、本書でご提案する「安定運用」と「積極運用」でどのように活用すべきかを考えてみましょう。

資産形成層の場合、積極運用に新ＮＩＳＡの「つみたて投資枠」を利用するとよいでしょう。年間１２０万円まで投資できますから、１カ月あたり10万円までの積み立てが可能です。

安定運用するお金を債券ファンドに一括投資する際は、新ＮＩＳＡの「成長投資枠」を利用するのがお勧めです。「成長投資枠」では個別株式と株式型投信に投資できるので、その名前のとおり「大きな成長が期待できそうな資産」で運用するイメージをお持ちの方が多いのではないかと思います。

しかし「成長投資枠」では、本書でご紹介した債券インデックスファンドに投資することも可能です。

もちろん、成長投資枠は世界株式ファンドの積み立てで利用することもできますから、積極運用する額が年120万円を超える場合は成長投資枠も世界株式ファンドの運用に利用し、債券ファンドは一般口座（特定口座）で買っても構いません。

資産活用層は、「積極運用」に新NISAを利用する

一方、資産活用層の方の場合、私は資産を守るためにまとまった額を債券ファンドに一括投資することをお勧めしています。

目安は預金の8割で、今1000万円の金融資産を持っている方であれば800万円、2000万円お持ちの方であれば1600万円を一括で債券ファンドに移すことになるわけです。

新NISAの成長投資枠では年240万円という上限があるので、このような一括投資はできませんから、ここは一般口座（特定口座）を活用したほうがいいでしょう。

ですから、資産活用層は「新NISAは積極運用に活用する」と考えてください。つみたて投資枠を年120万円ずつ活用すれば15年間で1800万円投資できます。

あるいは、成長投資枠でも同時に積極運用していってもよいでしょう。最短で新NISAの枠を活用しつくすことを考えるなら、毎年の枠をフル活用し、つみたて投資枠で「月10万円×12カ月＝120万円」、成長投資枠で「月20万円×12カ月＝240万円」を積極運用すると、5年間で投資額が合計1800万円になります。

老後資産作りが目的なら、まずiDeCoを優先して活用する

それぞれの制度の優先順位を考えることも大切です。資産形成層の方が老後資産作りを目的に運用するなら、まずiDeCoを優先して活用しましょう。

iDeCoは銀行や証券会社などの金融機関が「運営管理機関」として窓口になっており、各金融機関に自分で口座開設の申込をする必要があります。金融機関により投信のラインナップは異なりますが、この本で学んだ投信の選び方を応用し、やはり世界株式インデックスファンドで積極投資するのがおすすめです。

資産活用層の方や、資産形成層の方が60歳までに使う可能性のあるお金を運用する場合、あるいはiDeCoで投資できる額を超えて積み立てをする場合は、NISAを活

図67 税制優遇口座の活用をしよう!

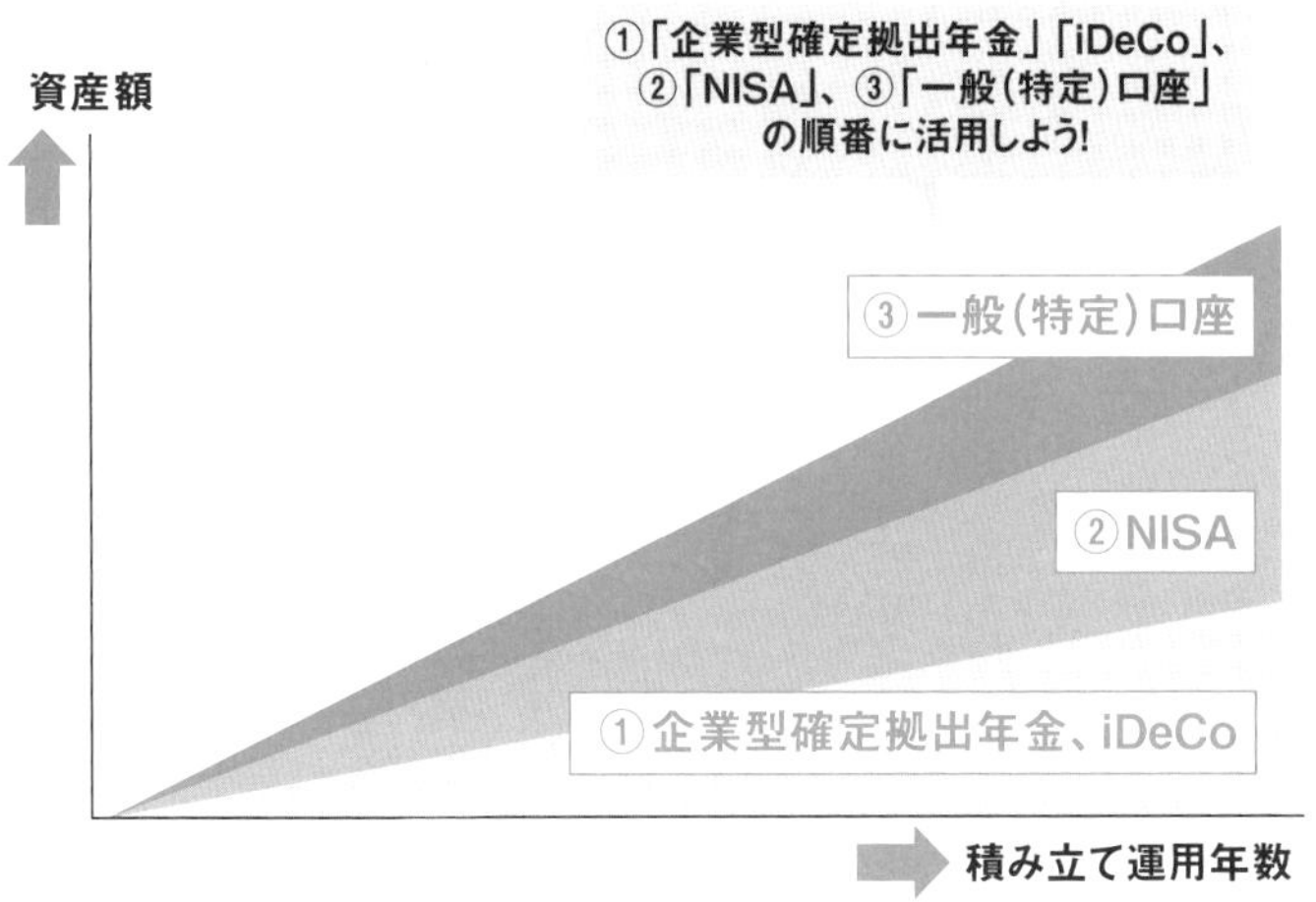

用しましょう。NISA口座は銀行や証券会社などで開設できます。

NISAの枠を超える場合やNISAで積み立てできないファンドを買う場合などには、一般口座の利用を検討します（図67）。

3 資産管理を金融機関に相談するときに知っておくべきこと

本書では、皆さんがご自身で資産を管理するためのシンプルな方法をご提案してきました。自分の資産を守るため、今の時代に対処すべきポイントについてはご理解いただけたのではないかと思いますし、実践するのも難しくはないはずです。

とはいえ、資産管理には1人1人さまざまな希望があり、悩みの生じるものでもあります。「できるだけ時間や手間をかけたくない」という方、「多少コストがかかっても構わないから信頼できる人に任せたい」という方もいらっしゃるでしょう。

また、現在は問題なく資産管理ができていても、先々、相続や生前贈与などにより、資産管理の難しさを感じる場面も出てくるかもしれません。そのような場合、専門的な知識を持つファイナンシャル・アドバイザーなどの力を借りるケースが多いのではないかと思います。

そこで考えなければならないのが、銀行や証券会社などの金融機関との付き合い方です。結論を先に言えば、残念ながら**日本では金融機関とうまく付き合えていないケース**

図68　金融機関のフィデューシャリー・デューティーとは

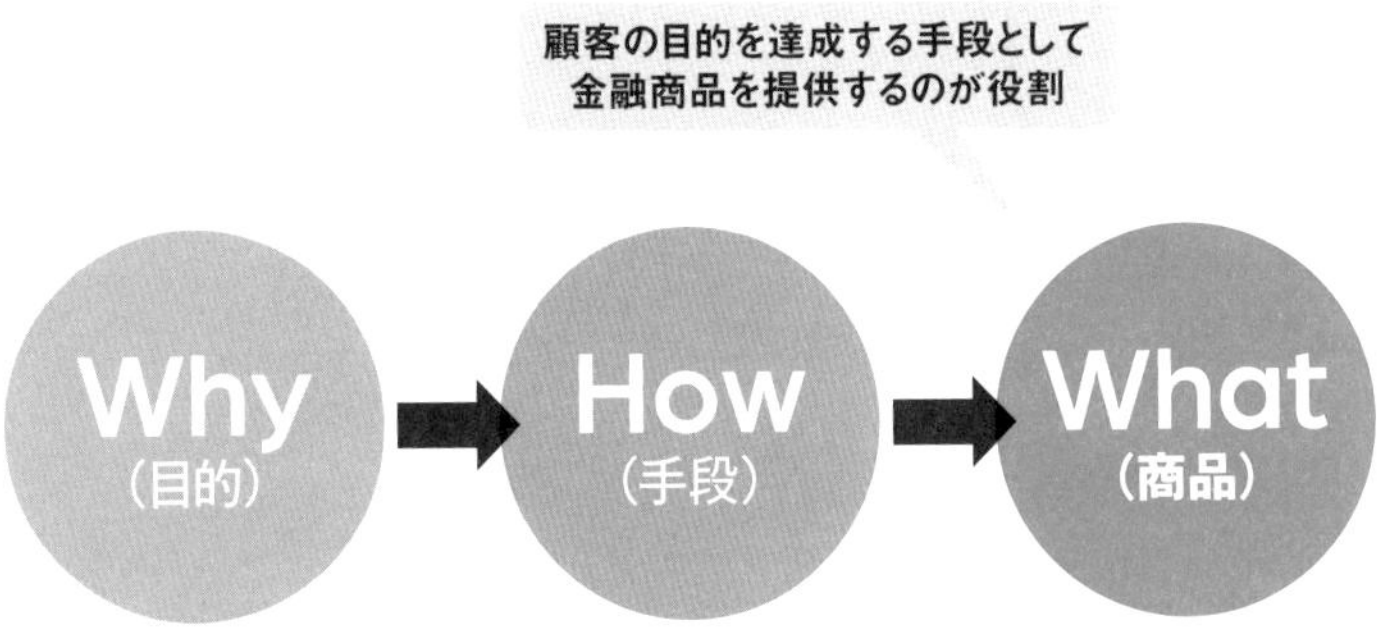

が多いのが現状です。それは、これまで金融機関側の姿勢に問題があったことに加え、利用者側にも金融機関をしっかり選び、活用するという視点が欠けていたからではないかと思います。

本書を手にとっていただいた皆さんには、これまでどのような問題があったのかをお伝えしたうえで、頼りにしてよい金融機関をどのような視点で選ぶべきかを知っていただければと思います。

まず、**図68**をご覧ください。

近年、金融庁は金融機関に**フィデューシャリー・デューティー（顧客本位の業務運営）**を強く求めています。

図69　最も大切なファイナンシャルアドバイスの目的と意義が欠如

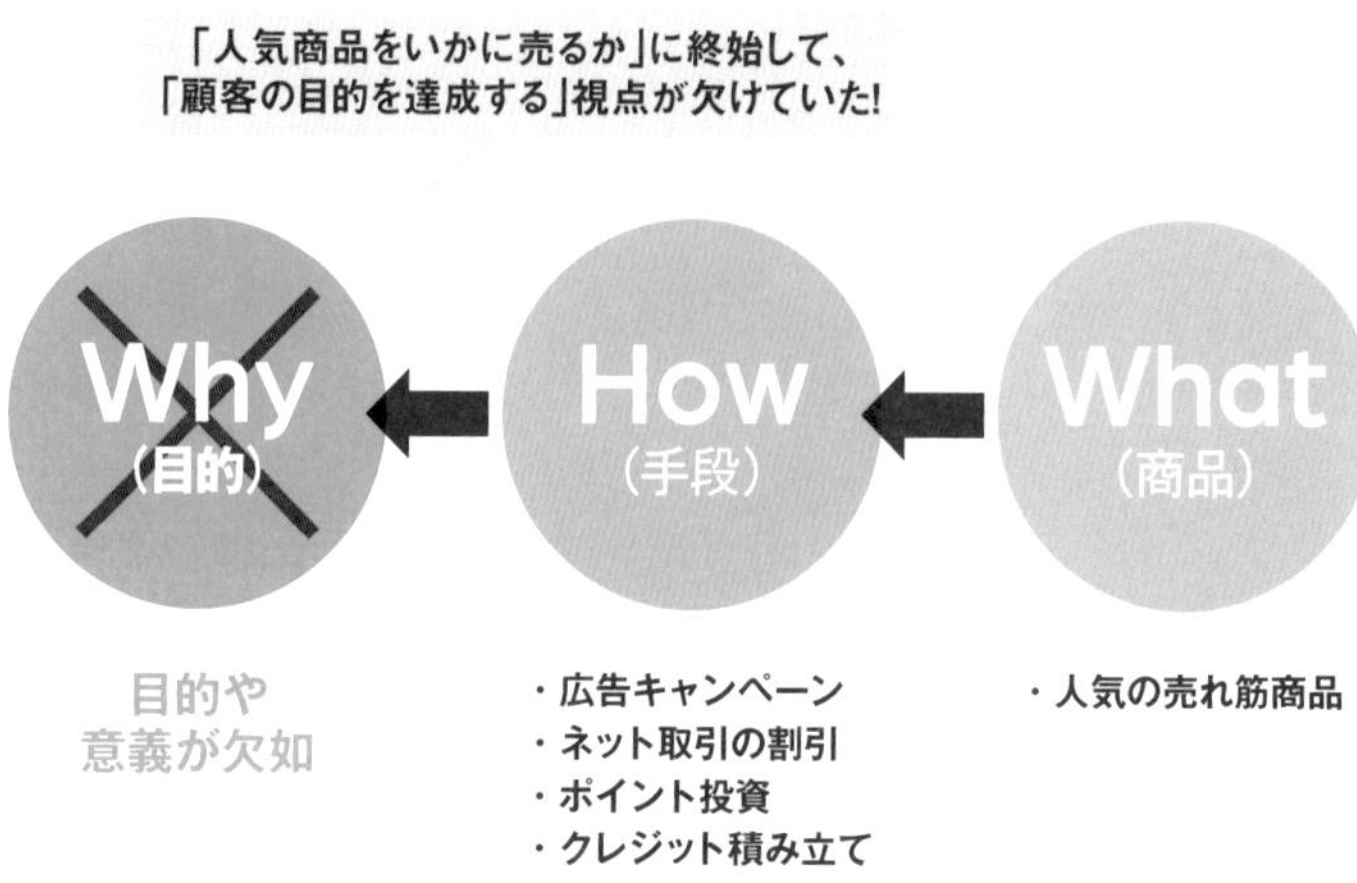

「顧客本位」というのは本来であれば当然の姿勢としてあるべきことですが、残念ながら日本の多くの金融機関は顧客本位とは程遠い状況にありました。

顧客本位とは何かをシンプルに言えば、金融機関を利用する皆さんが何を目的として資産管理を望んでいるのかに基づき、その目的を達成する手段を考え、それに合った商品を提供するということではないかと思います。

ところが多くの金融機関はこれまで人気の商品、売れ筋の商品をいかに売るかに終始しており、ファイナンシャルアドバイスを行うにあたり「顧客の目的を達成する」という視点が欠落していたのです（図69）。

4 日米の状況を比較すると…

これまでの日本の金融機関の問題点を考える際には、米国の状況との比較が参考になります。184ページ図70は、日米の家計の金融資産構成を示したものです。米国では株式や投資信託などの有価証券が55%を占めているのに対し、日本では有価証券の割合が16%に過ぎず、家計の金融資産の半分以上が現金・預金に置かれたままになっていることがわかります。

このような差が生じる理由については、よく「日本人はリスクを嫌うからだ」といわれます。そのような面は確かにあるかもしれませんが、私は、金融機関などで適切なファイナンシャルアドバイスを受けられていないことも原因ではないかと感じています。

利用者の目的に応じて最適なアドバイスをする独立ファイナンシャル・プランナー

185ページ図71をご覧ください。このグラフは、米国の家計がどのような経路で投

図70　日米の家計の金融資産構成

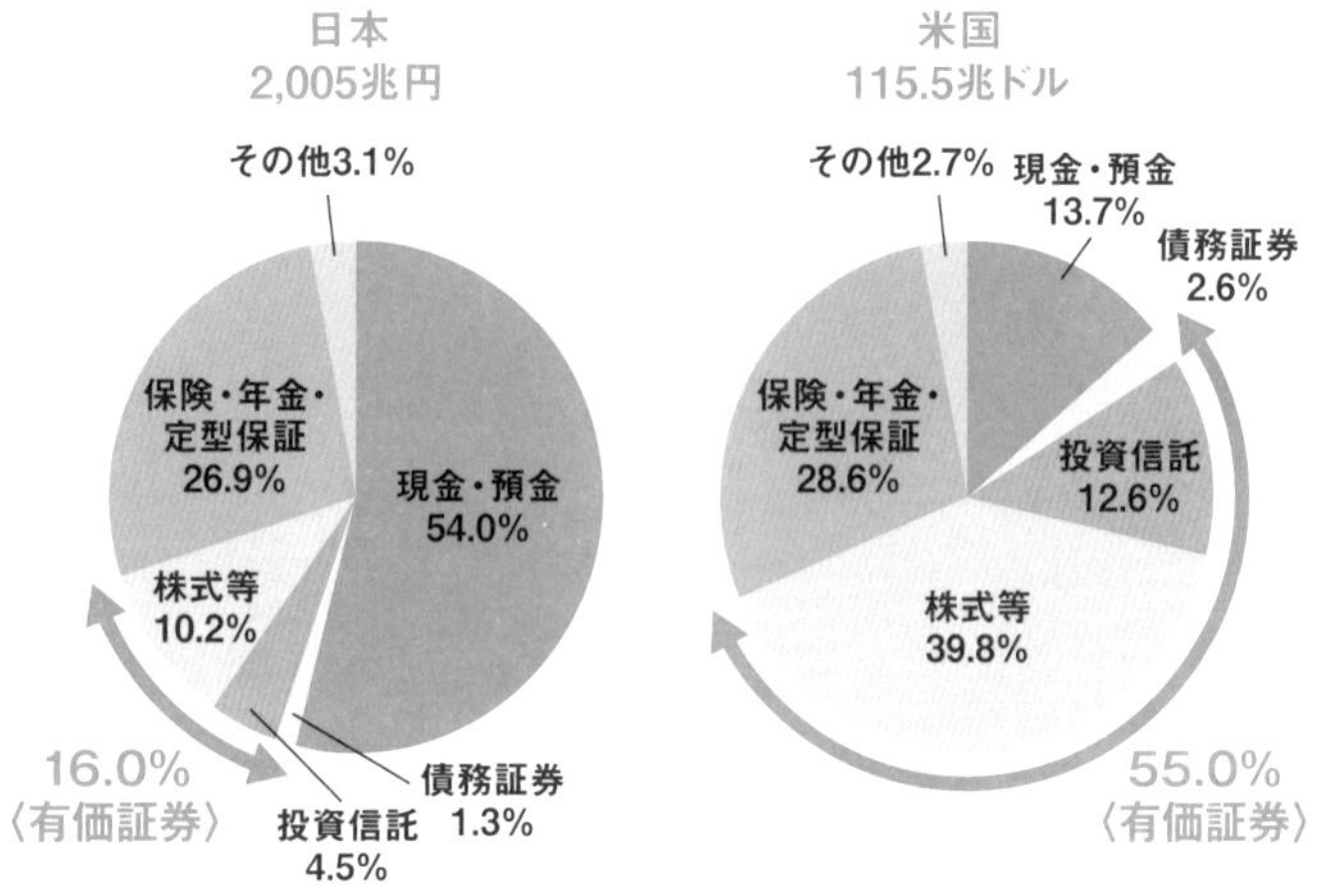

※データは2022年3月末データ
出所：日本銀行調査統計局「資金循環の日米欧比較」より著者作成

信を購入しているかを調べたデータです。

最も多いのは「独立ファイナンシャル・プランナー（27％）」です。利用者の目的に応じて手段を考え、最適なファイナンシャルアドバイスを提供することこそ、独立ファイナンシャル・プランナーの役割であることをふまえると、米国では多くの人がそのようなサービスを期待していることが窺《うかが》えます。次いで、日本でいえば大手証券会社のような立ち位置の「フルサービス・ブローカー」、ネット証券のような立ち位置の「ディスカウント・ブローカー」が続き、「銀行・貯蓄金融機関」「投信会社の直販」と続きます。この

図71　米国の家計の投信購入経路

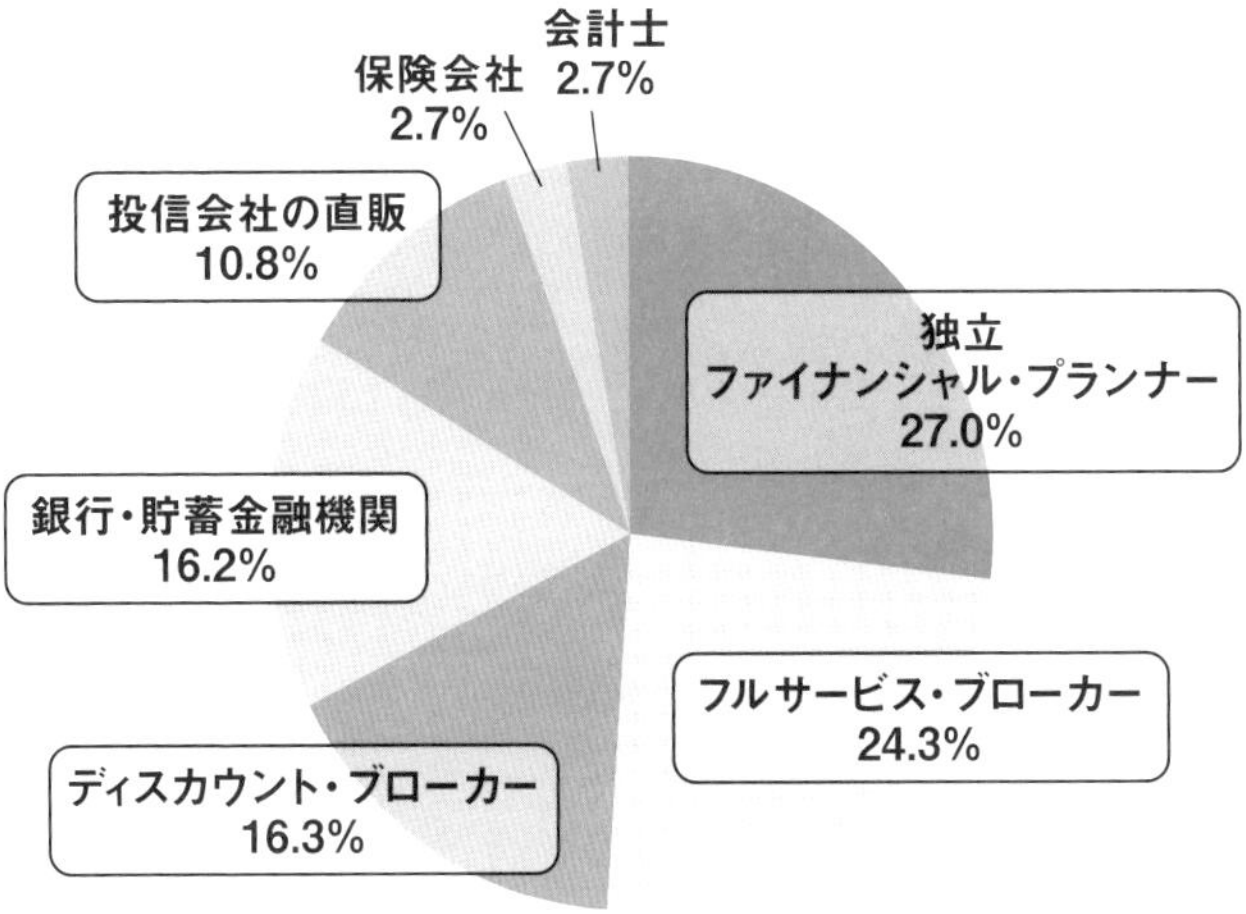

出所：「ICI, "Profile of Mutual Fund Shareholders 2019"」より著者作成

ように多様な経路が活用されていることは、米国では利用者がそれぞれ自分に合ったサービスを主体的に選んでいることの表れかもしれません。

米国の個人投資家が投信を購入する目的の第一は「退職に備えて」

次に、米国の投資家の投信購入目的を調べたデータを見てみましょう（186ページ図72）。最も多いのは「退職に備えて（93％）」で、「教育資金（25％）」「住宅等資金（17％）」など、大きなライフイベントに向けて、投信を活用しながら資産形成しようとして

図72 米国の投資家の投信購入目的

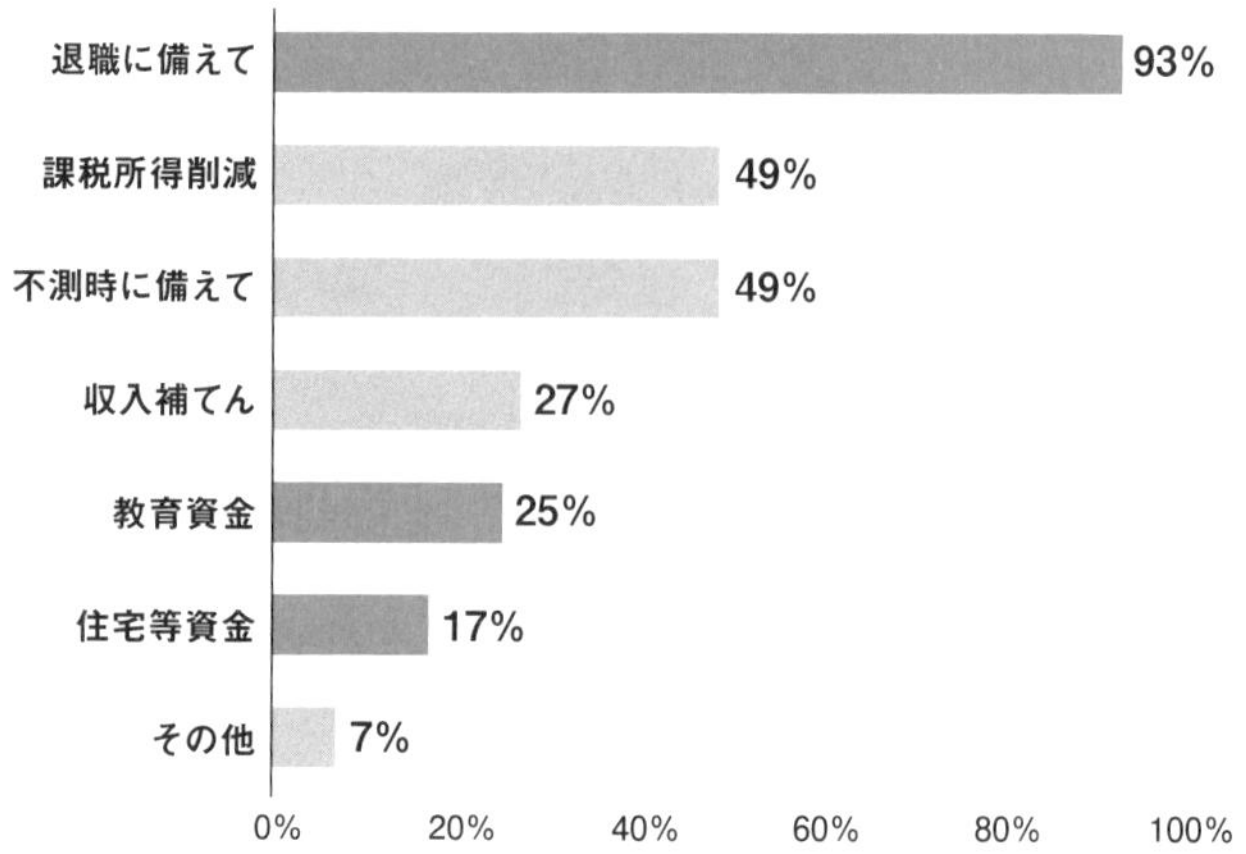

出所：「ICI, "Profile of Mutual Fund Shareholders 2019"」より著者作成

いることが窺えるでしょう。

これは、米国では子どもの頃から投資教育を受ける機会があるため、目標や目的を置いて運用することが根付いていることも背景にありそうです。

米国の個人投資家は、ファイナンシャル・アドバイザーに資産配分の助言を求めている

図73は、米国の投資家がファイナンシャル・アドバイザーに何を求めているのかを調査したデータです。「アセットアロケーション（資産配分）の助言」

図73 米国の投資家はファイナンシャル・アドバイザーに何を求めているのか

アセットアロケーションの助言	74%
トータルな資産管理についてのガイダンス	71%
フィナンシャルゴールに向けての貯蓄が十分かどうかの確認	71%
万一の事態が起きた時に備えた財産管理のアドバイス	65%

※注：重複回答
出所：ICIアンケート調査

「トータルな資産管理についてのガイダンス」「フィナンシャルゴールに向けての貯蓄が十分かどうかの確認」――このデータをご覧になって、日本人が金融機関に期待していること、金融機関に期待できると感じていることとの乖離《かいり》を感じる人は、多いのではないかと思います。

米国籍ファンドの純資産残高上位10本からわかること

ファイナンシャル・アドバイザーや金融機関を主体的に選んで利用することと、ライフイベントに向けて目的を

図74-1 米国の投資家は良質なファンドを長期で保有する①

米国籍ファンドの純資産残高トップ10

〈2010年7月末時点〉

順位	資産クラス	ファンド名	運用会社	純資産残高（億ドル）	インデックス／アクティブ
1	米国中期債券	ピムコ・トータル・リターン・ファンド	ピムコ	2,393	アクティブ
2	米国大型株式	アメリカン・ファンズ・グロース・ファンド・オブ・アメリカ	キャピタル	1,483	アクティブ
3	米国大型株式	バンガード・トータル・ストック・マーケット・インデックス・ファンド	バンガード	1,168	インデックス
4	海外大型株式	アメリカン・ファンズ・ユーロパシフィック・グロース・ファンド	キャピタル	970	アクティブ
5	米国大型株式	バンガード500インデックス・ファンド	バンガード	916	インデックス
6	米国中期債券	バンガード・トータル・ボンド・マーケット・インデックス・ファンド	バンガード	763	インデックス
7	海外大型株式	アメリカン・ファンズ・キャピタル・ワールド・グロース・アンド・インカム・ファンド	キャピタル	756	アクティブ
8	バランス	アメリカン・ファンズ・キャピタル・インカム・ビルダー	キャピタル	753	アクティブ
9	米国大型株式	バンガード・インスティテューショナル・インデックス・ファンド	バンガード	722	インデックス
10	米国大型株式	フィデリティ・コントラ・ファンド	フィデリティ	639	アクティブ

※米国籍オープンエンドファンド（ETF、MMF 等除く）
出所：著者作成

図74-2 米国の投資家は良質なファンドを長期で保有する②

米国籍ファンドの純資産残高トップ10

〈2022年7月末時点〉

順位	資産クラス	ファンド名	運用会社	純資産残高（億ドル）	インデックス／アクティブ
1	米国大型株式	バンガード・トータル・ストック・マーケット・インデックス・ファンド	バンガード	9,476	インデックス
2	米国大型株式	バンガード500インデックス・ファンド	バンガード	5,092	インデックス
3	米国大型株式	フィデリティ500インデックス・ファンド	フィデリティ	3,749	インデックス
4	海外大型株式	バンガード・トータル・インターナショナル・ストック・インデックス・ファンド	バンガード	3,058	インデックス
5	米国大型株式	バンガード・インスティテューショナル・インデックス・ファンド	バンガード	2,572	インデックス
6	米国中期債券	バンガード・トータル・ボンド・マーケットⅡ・インデックス・ファンド	バンガード	2,341	インデックス
7	米国大型株式	アメリカン・ファンズ・グロース・ファンド・オブ・アメリカ	キャピタル	2,206	アクティブ
8	米国中期債券	バンガード・トータル・ボンド・マーケット・インデックス・ファンド	バンガード	2,059	インデックス
9	バランス	アメリカン・ファンズ・アメリカン・バランスド・ファンド	キャピタル	2,006	アクティブ
10	米国大型株式	アメリカン・ファンズ・ワシントン・ミューチュアル・ファンド	キャピタル	1,524	アクティブ

※米国籍オープンエンドファンド（ETF、MMF 等除く）
出所：著者作成

持って投信を活用すること、金融機関に適切なアドバイスを求めることなどが実践されて、どのような結果に結びついているのかを見ていただきましょう。

１８８〜１８９ページ図74－1、2は、２０１０年と２０２２年の米国籍ファンドの純資産残高上位10本を並べたものです。表を見比べると、10本のうち、５本が変わらず上位に入っていることがわかります。これは、**米国の投資家が良質なファンドを長期で保有しているから**です。

また、２０２２年は10本中７本をインデックスファンドが占めています。コストが低いインデックスファンドが活用されている点も、注目すべきポイントといえます。

国内籍ファンドの純資産残高上位10本からわかること

では、日本はどうでしょうか？

１９２〜１９３ページ図75－1、2が、国内籍ファンドの純資産残高上位10本のデータです。２０１０年と２０２２年の顔ぶれを見比べると、１本を除いてすべて入れ替わっていることがわかります。これは、金融機関がそのときどきの「人気の商品」「売れ筋の商品」の販売にばかり力を入れてきた結果です。コストが低く、金融機関の儲けにつながりにくいインデックスファンドは、上位10本のうち3本にすぎません。日本の金融機関が「人気の商品」「売れ筋の商品」の販売にばかり力を入れてきたというのは、直近のデータからも明らかです。

過去1年間の資金流入額上位10本のファンド

194ページ図76は、2022年7月までの過去1年間の資金流入額上位10本のファンドの一覧です。この時期に人気だった米国株を中心としたファンド、それも似通った銘柄を組み入れたファンドがずらりと並んでいます。

もちろん、「人気商品」「売れ筋商品」がコロコロ変わるのは、それを買う投資家がいるからです。このようなデータは、日本の個人投資家が目的や意義が欠如したまま「儲かりそうな商品」に飛びついてきた結果であるとも言えます。

しかし、**個人投資家に「儲かりそうな商品」を勧めてきたのは金融機関側**ですから、やはり日本の資産運用業界に問題があったと見るべきではないかと思います。

図75-1 日本はファンドの人気が持続しない①

国内籍ファンドの純資産残高トップ10

〈2010年7月末時点〉

順位	資産クラス	ファンド名	運用会社	純資産額（億円）	インデックス／アクティブ
1	世界債券	グローバル・ソブリン・オープン（毎月決算型）	三菱UFJ国際	33,628	アクティブ
2	世界株式	ピクテ・グローバル・インカム株式ファンド（毎月分配型）	ピクテ	9,639	アクティブ
3	世界債券	ダイワ・グローバル債券ファンド（毎月分配型）	大和	8,160	アクティブ
4	単一国債券	イグレード・オセアニア・ボンド・オープン（毎月分配型）	大和	7,904	アクティブ
5	バランス	財産3分法ファンド（不動産・債券・株式）毎月分配型	日興	7,047	アクティブ
6	単一国債券	短期豪ドル債オープン（毎月分配型）	三井住友DS	6,111	アクティブ
7	単一国債券	ブラジル・ボンド・オープン（毎月決算型）	大和	5,914	アクティブ
8	バランス	マイストーリー分配型（年6回）Bコース	野村	5,896	アクティブ
9	ハイイールド債券	野村 グローバル・ハイ・イールド債券投信（資源国通貨コース）毎月分配型	野村	5,519	アクティブ
10	世界債券	DIAM 高格付インカム・オープン（毎月決算コース）	アセマネOne	5,368	アクティブ

※国内公募追加型株式投信（ETF等除く）
出所：著者作成

図75-2 日本はファンドの人気が持続しない②

国内籍ファンドの純資産残高トップ10
〈2022年7月末時点〉

順位	資産クラス	ファンド名	運用会社	純資産額（億円）	インデックス／アクティブ
1	米国株式	アライアンス・バーンスタイン・米国成長株投信Dコース 毎月決算型（為替ヘッジなし）予想分配金提示型	アライアンス	18,672	アクティブ
2	米国株式	eMAXIS Slim 米国株式（S&P500）	三菱UFJ国際	13,655	インデックス
3	世界株式	ピクテ・グローバル・インカム株式ファンド（毎月分配型）	ピクテ	10,712	アクティブ
4	米国株式	グローバルESGハイクオリティ成長株式ファンド（為替ヘッジなし）	アセマネOne	8,525	アクティブ
5	米国REIT	フィデリティ・USリート・ファンドB（為替ヘッジなし）	フィデリティ	7,565	アクティブ
6	米国REIT	ダイワ・US-REIT・オープン（毎月決算型）Bコース（為替ヘッジなし）	大和	7,370	アクティブ
7	米国株式	netWIN GSテクノロジー株式ファンド Bコース（為替ヘッジなし）	ゴールドマン	7,136	アクティブ
8	米国株式	アライアンス・バーンスタイン・米国成長株投信 Bコース（為替ヘッジなし）	アライアンス	6,810	アクティブ
9	米国株式	楽天・全米株式インデックス・ファンド	楽天	6,360	インデックス
10	米国株式	SBI・V・S&P500インデックス・ファンド	SBIアセット	6,284	インデックス

※国内公募追加型株式投信（ETF等除く）
出所：著者作成

図76 投資家に売りやすいファンドに資金が集まる

2022年7月までの過去1年間の純資金流入額トップ10

順位	ファンド名	運用会社	設定日	純資金流入額（億円）	主な組入比率上位銘柄
1	アライアンス・バーンスタイン・米国成長株投信Dコース 毎月決算型（為替ヘッジなし）予想分配金提示型	アライアンス	2014/9/16	9,460	マイクロソフト 、グーグル（アルファベット）、クアルコム【半導体等】、アマゾン・ドット・コム
2	アライアンス・バーンスタイン・米国成長株投信Bコース（為替ヘッジなし）	アライアンス	2006/5/25	3,105	マイクロソフト 、グーグル（アルファベット）、クアルコム【半導体等】、アマゾン・ドット・コム
3	ファンドスミス・グローバル・エクイティ・ファンド	アセマネOne	2021/12/22	2,850	マイクロソフト 、ペプシコ
4	マニュライフ・円ハイブリッド債券インカム・ファンド（年1回決算型）	マニュライフ	2019/10/25	1,691	日本企業が発行する円建てのハイブリッド債が対象
5	グローバルAIファンド（予想分配金提示型）	三井住友DS	2019/10/7	1,318	テスラ 、オン・セミコンダクター【半導体】、メタ・プラットフォームズ（旧フェイスブック）マーベル・テクノロジー【半導体】、ブロード・コム【半導体】、アマゾン・ドット・コム
6	フィデリティ・世界割安成長株投信 Bコース（為替ヘッジなし）	フィデリティ	2020/3/23	1,231	ウェルズ・ファーゴ
7	iFreeレバレッジ NASDAQ100	大和	2018/10/19	1,229	NASDAQ100指数先物が対象
8	キャピタル世界株式ファンド	キャピタル	2007/10/29	1,211	テスラ 、マイクロソフト 、グーグル（アルファベット）、台湾セミコンダクター【半導体】、ASML【半導体】、メタ・プラットフォームズ（旧フェイスブック）アマゾン・ドット・コム
9	キャピタル・インベストメント・カンパニー・オブ・アメリカ ICA	キャピタル	2018/1/31	1,093	マイクロソフト 、ブロード・コム【半導体】、アマゾン・ドット・コム 、グーグル（アルファベット）、メタ・プラットフォームズ（旧フェイスブック）
10	ティー・ロウ・プライス 米国割安優良株式ファンド Bコース（為替ヘッジなし）	ティー・ロウ	2021/9/7	1,085	JPモルガン・チェース、ウォルマート

※ 国内公募追加型株式投信（確定拠出年金及びファンドラップ専用、ETF 等除く）
※ 2022 年 7 月までの過去 1 年間
出所：著者作成

5 金融機関の姿勢をチェックするためのポイント

これまで、金融機関の問題点を厳しく指摘してきましたが、金融庁が繰り返し「顧客本位の業務運営」を求める中、近年は金融機関の中で「お客様のライフプランや目的に沿ったアドバイスを提供しよう」という機運も見られます。

実際、私のもとにも金融機関から「資産運用のアドバイスはどのようにあるべきなのかを話してほしい」といった依頼が多く寄せられており、本書で皆さんにお伝えしたことも含め、さまざまな場で発信しているところです。

今後は、日本でも金融機関によるファイナンシャルアドバイスが充実していくのではないかと期待しています。

繰り返しになりますが、金融機関の本来の役割は、利用者である皆さんのライフプランや資産管理の目的達成をサポートすることです。皆さんには、このような金融機関の役割について理解し、ライフプランや資産管理の目的達成の手段として金融機関のアドバイザーを活用していくことを考えていただければと思います。

アドバイザーが納得のいく提案をしてくれるかどうかを確認する

管理する資産が多い方や先々の資産管理に不安がある方などは、金融機関のアドバイザーに相談することがあるでしょう。そのときは、本書で学んだ資産管理の考え方を思い出してください。

「損したくない」「儲かるものを教えてほしい」というのではなく、「資産を守り増やすために管理の必要性があるということはわかっているし、基本的な考え方は理解しているが、すべて自分で管理するのは難しいので専門家の視点からアドバイスをしてほしい」という姿勢でアドバイザーと向き合うことが大切です。

そして、相手が皆さんのライフプランや資産管理の目的を理解し、その達成のために納得のいく提案をしてくれるかどうかを確認してください。

最後に、「付き合うべきファイナンシャル・アドバイザー」を見極めるためのチェックポイント（図77）をご紹介して、本章のまとめとしたいと思います。

図77　投資家が付き合うべきファイナンシャル・アドバイザーとは

❶投資目的に応じた適切な資産運用の提案をしてくれるのか?

・投資目的に基づき、単品の商品を勧めるのではなく、さまざまな商品を組み合わせたポートフォリオを構築してくれるのか?

・長期・分散(資産)・積み立て(定時定額)投資の重要性について説明してくれるのか?

❷総合的な資産運用のアドバイスをしてくれるのか?

・iDeCoやNISA等の非課税口座と課税口座において、各々の口座での適切なポートフォリオの構築と資産運用商品の提案をしてくれるのか?

❸投資家目線のコミュニケーションの方法を取ってくれるのか?

・資産運用を開始した後も、限られた時間(平日の昼間)や場所(オフィスでの対面)のコミュニケーション手段だけでなく、夜間や休日の時間に、非対面の電話、メール、チャット、動画などを活用したコミュニケーションの方法でフォローアップしてくれるのか?

おわりに

大切な資産を守るためには、資産運用をすることが必須

最後までお読みいただき、ありがとうございました。

本書は、皆さんに「預金にお金を置いておくことのリスク」を知っていただき、「大事な資産を守るためにこれからやるべきこと」をできるだけわかりやすく、シンプルにお伝えすることを目指して執筆しました。

しかし、大事なのはここからです。

皆さんには、ぜひ私のアドバイスを参考にしていただき、新時代の資産運用と管理をできるだけ早くスタートしていただきたいと思います。

日々、忙しく過ごしている方にとっては、投信口座を開設するのもおっくうなものではないかと思います。

また、運用が初めてという方には、「やはり値動きのある商品を買うのは怖い」という気持ちもあるでしょう。

それでも、**強い意思を持って最初の一歩を踏み出してみてください。**

立ち止まったままでいれば、あなたが今立っている場所は足元から崩れていく可能性が高いのです。

何度でも繰り返しお伝えしたいのは、**皆さんの大切な資産を守るために、これからは資産運用をすることが必須**だということです。

「やらない」という選択肢はありません。

本書を閉じたら、すぐに行動をはじめていただければと思います。

皆さんが「あのときに本を読み、運用をはじめてよかった」と思ってくださる未来を信じています。

著者

[著者]
朝倉智也（あさくら・ともや）
SBIグローバルアセットマネジメント株式会社　代表取締役社長

1966年生まれ。1989年慶應義塾大学文学部卒。

銀行、証券会社にて資産運用助言業務に従事した後、95年米国イリノイ大学経営学修士号（MBA）取得。

同年、ソフトバンク株式会社財務部にて資金調達・資金運用全般、子会社の設立、および上場準備を担当。98年モーニングスター株式会社（現SBIグローバルアセットマネジメント株式会社）設立に参画し、以来、常に中立的・客観的な投資情報の提供を行い、個人投資家の的確な資産形成に努める。

SBIホールディングス株式会社　取締役副社長を兼務し、SBIグループ全体の資産運用事業を管掌する。

主な著書に『全面改訂　投資信託選びでいちばん知りたいこと』『改訂新版　ETFはこの7本を買いなさい』『一生モノのファイナンス入門』（以上、ダイヤモンド社）、『「iDeCo」で自分年金をつくる』（祥伝社新書）、『お金の未来年表』（SB新書）などがある。


このままではあなたの現金の価値が下がる！

インフレ・円安からお金を守る最強の投資

2023年3月28日　第1刷発行

著　者――朝倉智也
発行所――ダイヤモンド社
〒150-8409　東京都渋谷区神宮前6-12-17
https://www.diamond.co.jp/
電話／03･5778･7233（編集）　03･5778･7240（販売）
装丁デザイン―山之口正和（OKIKATA）
本文デザイン&DTP―石田　隆（ムシカゴグラフィクス）
イラスト――坂木浩子（ぽるか）
編集協力――千葉はるか
校正――――鷗来堂
製作進行――ダイヤモンド・グラフィック社
印刷――――加藤文明社
製本――――川島製本所
編集担当――高野倉俊勝

ISBN 978-4-478-11741-5